SASKIA JUNGNIKL

Eine Reise ins Leben oder wie ich lernte, die Angst vor dem Tod zu überwinden

FISCHER

Originalausgabe

Erschienen bei FISCHER Taschenbuch
Frankfurt am Main, November 2017

© 2017 S. Fischer Verlag GmbH,
Hedderichstr. 114, D-60596 Frankfurt am Main

Satz: Fotosatz Amann, Memmingen
Druck und Bindung: CPI books GmbH, Leck
Printed in Germany
ISBN 978-3-596-03645-5

Für Florian

Der Mensch ist das einzige Lebewesen,
das weiß, dass es sterben wird.
Die Verdrängung dieses Wissens ist
das einzige Drama des Menschen.

Friedrich Dürrenmatt

There is no end, there's no beginning
we're right here in the middle
in the middle of this heat

Naked Lunch

Inhalt

Reden wir über den Tod 11

Körper 20

Gesundheit 33

Wieso wir sterben 42

Die häufigsten Todesursachen weltweit 50

Geburtstag 51

Die Zeit eines Lebens 56

Die Geburt des Todes 64

Himmel und Erde 74

Weise 85

Der Sinn des Lebens 86

Bestattung 96

Berühmte letzte Sätze 105

Das einsame Sterben 108

Lebe 119

Darüber reden 121

Bewusstsein 128

Die skurrilsten Todesfälle 135

Angst 138

Bis dass der Tod uns scheidet 142

Liebe und Freundschaft 145

Der Wert eines Lebens 155

Der Wert des statistischen Lebens 167

Der gerechte Tod 168

Das gute Altern 176

Trauer 191

1 Abend, 6 Freunde, 1 Thema 214

Das Ende 240

Ein Danke 246

Reden wir über den Tod

Do not go gentle into that good night.
Rage, rage against the dying of the light.

Dylan Thomas

Wo ist das Klebeband?«
»Keine Ahnung.«
»Herrje, wo ist dieses verdammte Klebeband?«
»Ganz ruhig, ich weiß es nicht. Wir finden es schon.«
Florian taucht hinter einem Berg Kartons auf und grinst mich an.
»Entschuldige. Ich hasse umziehen.«
»Sag bloß.«
Florian ist mein Mann. Mein bester Freund. Wir lernen einander im Büro kennen, vier Jahre nach dem Tod meines Vaters, wir schreiben einander Nachrichten, gehen ein paarmal miteinander aus, werden erst Freunde und später dann mehr. Er war nach dem Suizid meines Vaters der erste Mann, bei dem ich mich wieder völlig sicher gefühlt habe. Als er einen neuen Job in Hamburg angenommen und mich gefragt hat, ob ich mit ihm kommen würde, konnte ich völlig frei und ohne Angst sagen: ja, klar. Im Jahr zuvor hatte ich ein Buch über den Tod meines Vaters

geschrieben. Ich wollte zeigen, wie es ist, wenn jemand, den man liebt, sich tötet. Wie schwer es ist, sich in der Stille um dieses Tabu zu behaupten. Ich wollte diese Stille durchbrechen, und das ist mir gelungen. Ich habe einen schweren Teil meines Lebens aufgearbeitet, es war wie eine Befreiung. Es schien nur richtig, danach auch alles andere hinter mir zu lassen.

Florian und ich haben also unsere Sachen gepackt, und im Herbst sind wir umgezogen. Der Umzug war anstrengend, wie Umzüge das eben sind, aber er ging vorbei, und alles an Hamburg war aufregend und neu und spannend, und ich hatte das Gefühl, endlich, endlich kann ich mich um mich selbst kümmern.

Und das ließ sich auch gut an. Ich verbrachte viel Zeit damit, Pflanzen umzutopfen, Serien zu schauen, neue Cocktail-Rezepte auszuprobieren, und Artikel für Zeitschriften zu schreiben. Ich habe Interviews zu meinem ersten Buch über den Tod meines Vaters gegeben, war bei Lesungen und habe Seminare abgehalten. Das Leben lief gut. Einige Wochen lang.

Und dann konnte ich nicht mehr einschlafen.

Im Grunde war das nichts Neues. Die Angst vor dem Tod wurde mir angelernt. Vier Jahre vor meinem Vater starb mein Bruder, plötzlich, im Schlaf, an einem geplatzten Blutgerinnsel im Kopf. Dann starb mein Vater, und nach jedem Todesfall hat Adrenalin meinen Körper wochenlang überschwemmt. War das Adrenalin weg, war die Angst wieder größer.

Doch diesmal war das anders. Mir ging es eigentlich gut. Der Schmerz meiner Vergangenheit war verblasst und ich wollte genießen und weitermachen. Früher kam in ruhigen Momenten in jenen, die man sich schafft, um sich wohl zu fühlen, in denen man sich auf das Leben richtig einlässt, wo es nichts Großes braucht, um sich abzulenken, in diesen Momenten kam immer eine Stimme. Eine Stimme, die mir sagte, fühl dich bloß nicht zu wohl. Sei dir bloß nicht zu sicher. Alles kann wieder weg sein, von einem Moment auf den anderen. Alles wird wieder weg sein.

Der Tod, er hinterlässt vor allem Unsicherheit. Er kommt, wann er will. Er gibt nicht Bescheid, und die Welt, die er zurücklässt, ist eine andere. Wenn die Stimme da war, war ich vom Sofa schon wieder herunter. Angst ist ein unglaublich guter Antreiber. Mein Vater hat sich in den Hinterkopf geschossen, sein Gesicht bleibt unverletzt, und ich werde mich für immer an diesen Moment in der Leichenhalle erinnern, als ich sein Gesicht anstarre, das so friedlich wirkt, und ich mich von ihm verabschiede und ihn dann Minute um Minute anstarre in der Hoffnung, er würde mir noch eine Antwort geben. Eine letzte. Ich kriege sie nie. Ich muss sie mir selbst geben und es selbst in die Hand nehmen, und diese Kontrolle gebe ich anschließend nie wieder ab. Seither habe ich schreckliche Angst vor dem Tod.

Dem größten Kontrollverlust überhaupt.

Aber mit den Jahren wurde diese Angst weniger und die Stimme leiser, und als ich dann einige Zeit mit Florian zusammen war, da war mein Leben wieder ruhiger und die Stimme weg. Ich war bereit für Neues.

Und dann kam die Angst mit Wucht zurück. Angst um mich. Panische Angst vor dem Tod. Davor, dass ich nicht mehr aufwachen werde, wenn ich abends einschlafe. Davor, dass ich auf der Autobahn fahre und mich jemand rammt und ich bin tot. Einfach so. Dass so etwas überhaupt möglich sein soll, dass ich überhaupt sterben muss, scheint mir wie ein schlechter Scherz. Ein Affront.

Ich will nicht tot sein. Niemals. Es gibt mir ein entsetzliches Gefühl, dass ich auf einmal nicht mehr da sein könnte. Mein Da-Sein, mein Bewusstsein zu verlieren und nicht mehr zu existieren.

Ich weiß schon, kaum ein anderes Thema ist so beladen und so aufgeladen wie die Angst vor dem Tod. Die Menschen fürchten ihn aus unterschiedlichen Gründen. Manche haben Angst, dass die Menschen sterben, die sie lieben. Manche haben Angst vor Alter und Krankheit. Manche haben Angst vor dem Sterben, einem möglichen Dahinsiechen. Manche finden die Vorstellung verstörend, in alle Ewigkeit zu verwesen. Das alles ist mir egal.

Nein, mir ist nicht egal, ob jemand stirbt, den ich liebe. Das macht mir auch Angst. Mehr Angst macht mir aber, dass ich diejenige sein könnte, die stirbt. Vermutlich ist das ein Zeichen von Narzissmus. Vielleicht eines von übersteigertem Egoismus. Auch das ist mir egal. Ich nehme mich im Leben nicht übermäßig wichtig, ich glaube nicht, dass ich irgendetwas herausragend gut kann oder dass die

Welt mir etwas schuldet. Ich will nur eines, und zwar nicht sterben. Ich will übrig bleiben. Nach meinem Tod ist nichts mehr, mein Tod macht mein Leben sinnlos. Er setzt den Schlusspunkt. Er ist das Einzige, das niemals passieren darf.

All meine Lebensjahre hindurch habe ich gelernt, mir Dinge angeeignet, mich weitergebildet, ich habe mich aufgerappelt, nach jedem Schicksalsschlag und jedem Schmerz, immer wieder, und das soll das Ergebnis sein? Der Tod? Nein, damit finde ich mich nicht ab. Ich kann nicht. Und das ist ein Problem.

Ich kann nämlich nicht mehr schlafen.

Ich kann mich nicht entspannen. Ich kann nicht loslassen. Ich weiß nicht, wann ich sterben werde, wie viel Zeit mir noch bleibt, was ich noch tun kann und sollte, und ob es nicht vielleicht ohnehin egal ist. Also trinke ich Wein und Tee und rauche Joints, und alles hilft mir kurzzeitig, aber dann wache ich eben mitten in der Nacht auf und kann anschließend nicht mehr einschlafen.

Und wenn ich dann wach liege, denke ich darüber nach, was ich alles verpassen werde! Nachdem mein Vater tot war, wurde Barack Obama Präsident der USA, und ich konnte nur noch daran denken, dass mein Vater, dieser interessierte, aufgeklärte Mensch nie erleben konnte, dass ein Schwarzer Präsident der Vereinigten Staaten wurde. Wie konnte er das nicht erleben wollen? Wie kann ich auch nur im Ansatz akzeptieren, dass ich so etwas einmal nicht mehr erleben könnte?

Die Welt verändert sich stetig, und ich will das alles wissen! So oft kann man Ereignisse erst rückblickend einordnen und deuten, und ich will unbedingt dabei sein, wenn das passiert. Ich will eine Welt sehen, wie sie in hundert Jahren ist, wie sie im Jahr 3000 ist, ich will erleben, wie die Technik unser Leben revolutioniert, ich will wissen, wie lange es noch Zeitungen gibt, ich will sehen, wie die Kontinente sich verändern und wann es endlich eine Zugverbindung in meinen Heimatort gibt. Ich will wissen, wann die erste Frau Präsidentin der USA wird, wann überhaupt in jedem Land der Erde endlich einmal eine Frau Präsidentin wird.

Diese stete Angst vor dem Tod bringt mich also in ein ziemliches Dilemma. Sosehr ich es liebe zu leben, so sehr verfluche ich es, am Leben zu sein. Einmal hineingeboren, gibt es nur einen Weg wieder hinaus. Ich kann nicht nie sterben. Ich kann die Angst vor dem Tod vermutlich nur verlieren, indem ich sterbe, es also hinter mich bringen, um dann ohne Angst weiterleben zu können. Ja, ich erkenne die Ironie.

Ich kann den Tod nicht ablenken, und ich kann ihn nicht selbst in die Hand nehmen. Würde ich mich selbst töten, wäre ich ja schließlich auch tot. Es ist ausweglos. Und in meinen schlaflosen Nächten quält mich diese Ausweglosigkeit besonders, diese eine, aus der man niemals fliehen kann.

Manchmal überlege ich, ob ich mich einfrieren lassen

soll. Ich weiß ziemlich viel über Kryokonservierung, also die Kältekonservierung von Organen oder ganzen Organismen, weil ich in manchen Nächten darüber nachlese.

Der Körper wird dabei statt mit Blut mit einer Kühlflüssigkeit gefüllt, manche glauben, so gefroren gelagert könne man Jahrhunderte schlafen und dann wieder aufgeweckt werden. Zugegeben, die Erfolgschancen sind fragwürdig, es fehlt das geeignete Mittel, das die körpereigenen Flüssigkeiten perfekt zu ersetzen vermag. Interessanterweise wird diese Form der Lebenserhaltung in Deutschland bisher nur für Haustiere angeboten. Als würde ich meine Katzen tieffrieren und mich nicht. Andererseits kommt mir das Prinzip ohnehin nicht entgegen, denn eingefroren und ohne jedes Bewusstsein oder Kontrolle über jedes weitere Vorgehen existiere ich ja auch nicht mehr. So ist es also außer teuer wahrscheinlich nichts.

Ein erstaunliches Detail: Es ist in den USA möglich, nur den Kopf einfrieren zu lassen, das ist dann die kostengünstigere Variante. Jedenfalls, so oder so, ich verwerfe den Gedanken regelmäßig.

Also ist vielleicht das Einzige, was ich tun kann, um die dunkle, dumpfe Furcht, die in mir lauert, zu besiegen: mich so ausführlich wie nur möglich mit dem Tod zu beschäftigen und mich meiner Angst zu stellen.

Reden wir über den Tod!

Ich glaube, dass ich die Dinge erst verstehe, wenn ich sie mir erklären kann. Und wenn ich sie verstehe, machen sie mir keine Angst mehr. Wenn ich also lerne, den Tod zu verstehen, dann kann ich vielleicht gut mit der Gewissheit leben, dass ich sterben muss.

Der dänische Philosoph Søren Kierkegaard sagte, die Kunst des rechten Sterbens bestehe nicht in einer Verharmlosung des Todes, sondern darin, sich mit dem eigenen Sterben zusammenzudenken. Also gut, denke ich mich zusammen. Vielleicht schafft das Bewusstsein um mein Ende ein größeres Bewusstsein meines Lebens und mir dadurch ein lebenswerteres und erfüllteres Leben. Aber vielleicht ist das auch einfach nur eine idiotische Idee.

Ich weiß ja, dass ich lebe. Das macht mir ja solche Angst. Wäre ich nie geboren worden, wäre ich nicht in einer solch ausweglosen Situation.

Ich beschließe, die Angst vor dem Tod mit etwas zu kompensieren, das der Auslöschung entgegensteht, lasse den Computer stehen und hole eine Flasche Wein, nehme meinem Mann die Zeitung weg und ziehe ihn ins Schlafzimmer. Das Leben ist kein Spiel und Verdrängung eine der wenigen guten Fähigkeiten des menschlichen Geistes.

»Vielleicht lasse ich diese philosophische Seite einfach mal sein und konzentriere mich auf die praktische. Hm?«, sage ich ein paar Abende später zu meiner Freundin Giuli, die gerade Pistazienschalen in einen Aschenbecher schnippt. Sie ist Journalistin so wie ich, und sie denkt ähnlich wie ich: Wo ich nichts weiß, weil ich es nicht wissen kann, muss ich eben dort beginnen, wo es Wissen gibt. Der Mensch weiß nicht, was nach seinem Tod mit seinem Geist passiert und ob überhaupt etwas damit passiert, aber er hat erforscht, was mit seinem Körper passiert. Giuli sieht mich an und grinst.

»Na, dann ab ins Leichenschauhaus«, sagt sie.

Körper

When the clock strikes two, three and four
If the band slows down we'll yell for more
Bill Haley

In Hamburg gibt es einen, den nennen sie Professor Tod. Klaus Püschel ist einer der profiliertesten deutschen Rechtsmediziner, Direktor des Instituts für Rechtsmedizin der Hamburger Universität, stellvertretender Direktor des Zentrums für Interdisziplinäre Suchtforschung. Er arbeitet in der Welt der Toten. Er hat Tausende Tote gesehen, an manchen Tagen sind es 150.

Auf Wikipedia lese ich, er habe bei verschiedenen archäologischen Funden die Toten untersucht, etwa die Moorleichen der Frau von Peiting, des Jungen von Kayhausen, des Kindes aus der Esterweger Dose, des Mädchens aus dem Uchter Moor oder auch den sogenannten Hamburger Störtebekerschädel. Ich weiß nicht, was das heißt, aber ich hoffe, er erklärt es mir. Jedenfalls hat er versprochen, mich zu treffen.

In Hamburg gibt es europaweit das einzige öffentliche Leichenschauhaus, das heißt, hier werden sämtliche Leichen von nicht natürlichen und ungelösten Todesfällen untersucht. Püschel, groß, schlank, geht mit mir vom ersten Stock in den Keller, dann muss ich einen grünen Kittel anziehen, ähnlich, wie ihn Chirurgen tragen. Wir gehen durch die Tür, und Püschel bleibt kurz stehen. Ab jetzt können hier Tote herumliegen, sagt er.

»In Ordnung?«

Ich nicke.

Ja, in Ordnung. Im selben Moment denke ich mir, keine Ahnung, ob das in Ordnung ist. Ich war noch nie an einem Ort, an dem fremde Tote sichtbar herumliegen konnten. Ich weiß nicht, wie ich das finde. Wie das mein Körper findet.

Wir gehen weiter, und tatsächlich, da liegt ein Toter. Ein alter Mann, wächsern, nackt, Brusthaare. »Geht's?«, der Professor sieht mich aufmerksam an. »Können Sie an dem vorbeigehen?« Ich überlege kurz.

Ich fühle mich gut. Der Mann sieht ein wenig aus wie eine Puppe, und er ist nur tot, daran ist nichts Gruseliges. Oder? Ich nicke.

Wir gehen an dem Mann vorbei und nach rechts, hinein in einen kargen länglichen Raum. Auf der linken Seite sind nebeneinander metallene Türen, alle mit Nummern versehen. Die Nummern der Toten. Hinter jeder Tür drei Tote. Püschel sucht einen bestimmten Toten, er braucht einen, bei dem man eine neue Möglichkeit der Hüftoperation testen kann. Er öffnet eine der Türen, und da wird mir anders. Zunächst ist da ein süßlicher Geruch, der stärker wird.

21

In Schieberegalen liegen drei Leichen übereinander, man sieht nur ihre Füße, der Rest ist bedeckt. Manche Füße sind ganz wächsern, manche rosig, manche bläulich. Das kommt darauf an, wie viel Blut sie bisher verloren haben und wie lange sie bereits hier drinnen liegen.

Ich drehe mich weg, mit wenig Erfolg, denn durch einen Durchgang auf der rechten Seite sehe ich im Nebenzimmer Operationstische, und auf einem steht der Rumpf eines Mannes. Nur der Rumpf. Ich bin ein wenig verstört. Püschel unterdessen steckt ungehemmt seine Nase zwischen die Regale.

»Für Sie sind Leichen nichts Besonderes, ja?«, frage ich ihn. Er sieht mich überrascht und dann leicht amüsiert an. »Das sind nur tote Menschen. Die Lebenden sind für mich besonders.« Ich überlege. Da hat er natürlich recht. »Haben Sie denn schon einmal eine Leiche gesehen?«, fragt er mich. Ich nicke.

Ja, zweimal schon. Meinen Bruder, meinen Vater. Das erste Mal im Jahr 2004. Am Tag nach dem Tod meines Bruders bin ich mit dem Auto ins Burgenland gerast, und dann saß ich eine halbe Stunde auf dem feuchten und kalten Betonboden vor der Prosektur in Güssing, weil ich auf den Leichenwagen gewartet habe, der meinen Bruder bringt.

Ich weiß noch, dass es in der Früh geregnet hat, und danach roch es. Nach den Bäumen, die hinter dem Haus stehen, nach nasser Erde und abgefallenen Blättern. Auf der Bahre im Leichenwagen lag dann mein Bruder. Sein Gesicht hatte eine bläuliche Blässe, es war ein wenig gefleckt. Ich weiß, dass ich sehr erschrocken war. Er sah aus wie immer und irgendwie auch überhaupt nicht wie er.

Woher dieses komische Gefühl, wenn man Tote sieht? Wieso ist es für uns so ungemütlich, eine Leiche zu sehen? Weil ich Angst davor habe, dass ich es einmal sein könnte? Weil es den Tod so erschreckend real macht?

»Mein Bruder ist vor elf Jahren gestorben. Können Sie mir sagen, wie seine Leiche jetzt aussieht?« Püschel sieht mich an. Netter Blick. Offen. »Je nachdem, wie stabil der Sarg war, ist der jetzt wahrscheinlich eingebrochen. Es wird noch ein bisschen Fleisch auf den Knochen sein, vielleicht noch ein wenig Kleidungsreste. Sonst nur Knochen.« Mein Bruder. Nur Knochen.

Ist mir das wichtig? Wo fängt der Tod an? Mein Bruder fehlt mir, aber ist es von Bedeutung, was mit seinem toten Körper ist? Ich kann nicht sagen, dass ich mich besonders unwohl gefühlt habe unter den Toten im Keller. Ich habe mich aber auch nicht wohl gefühlt. Ich hätte die Toten nicht anfassen wollen, aber vielleicht ist das Gewöhnungssache. Erst nachher, als ich wieder in Püschels Büro sitze, fällt mir auf, dass ich ständig flach geatmet habe. Mir ist etwas flau im Magen.

In Püschels Büro herrscht ein kontrolliertes Durcheinander, es türmen sich Ordner, Notizen, Akten, Bücher, einige mit seinem Namen darauf. In den Regalen: Köpfe, Skelette, Knochenreste. Manche echt, manche nicht. Das Skelett seines eigenen Kopfes als Plastik gegossen.

Püschel lebt unter den Toten und auch wieder nicht. Der Professor ist seit vier Jahrzehnten verheiratet, er hat drei Kinder und fünf Enkel. Der Tod, er ist für ihn nur die logische Konsequenz. Das Ende eines erfüllten Lebens.

Nach dem Treffen mit Püschel gehe ich mit Florian in seiner Mittagspause essen. Weil ich nicht darüber nachdenke, bestelle ich mir ein Grillhähnchen. Haut, weißes Fleisch. Ich esse einen Bissen, dann muss ich es wegschieben. Leider habe ich mir damit Hähnchen auf ewig verdorben.

Für den Moment habe ich genug von echten Leichen und entscheide mich für nüchterne Recherche. Es gibt auf der ganzen Welt vier Body-Farmen. Nur vier. Body-Farmen sind Gelände, auf denen getestet und wissenschaftlich untersucht wird, wie sich Umwelt, Zeit, Stoffe und anderes auf den menschlichen Körper nach dessen Tod auswirken. Da liegen Körper im Freien unter der Sonne, manche in Glaskästen, manche sind voller Würmer, bei manchen existieren nur noch bloße Knochen mit ledergegerbten Überresten von Haut. Auf den ersten Blick mag das gruselig klingen, aber eigentlich ist es das nicht. Es ist wichtig, dass der Mensch weiß und sehen kann, was mit dem Körper nach dem Tod passiert. Es ist wichtig, um Mordfälle aufklären zu können, es ist aber auch wichtig, um zu verstehen, was ein Körper aushält, woraus er besteht und was ihm wie sehr und in welchem Zeitraum zusetzt. Wir können nur leben, wenn unser Körper funktioniert, und warum er das wann nicht tut, ist wichtig zu wissen.

Alle vier Body-Farmen liegen in den USA, und sie gehören alle zu Universitäten. Da ist eine in Tennessee, eine in North Carolina, eine im Südosten und eine im Osten von Texas. Zwei in Texas? Ja, weil die durchschnittliche Jahrestemperatur in beiden Regionen verschieden ist und das einen erheblichen Einfluss auf die Verwesung hat. In Indien wird momentan über die Gründung einer eigenen Body-Farm nachgedacht, aber in ganz Europa, in ganz Afrika oder Asien gibt es keinen Ort, an dem eigenständige Forschung betrieben wird. Das finde ich erstaunlich.

In Anbetracht dessen, dass jeder Mensch sterben wird und der Tod nicht nur eine Faszination auf den lebenden Menschen ausübt, sondern auch eines der wenigen Dinge ist, die seit Jahrhunderten als letzte Mysterien gelten, ist es doch verwunderlich, dass nur so wenige ihn auch tatsächlich am realen toten Objekt untersuchen wollen.

Die weltweit erste und lange Zeit auch einzige Body-Farm, sozusagen die Mutter aller Body-Farmen, ist jene in Tennessee. Dort wird untersucht, welchen Einfluss Todesart, Alter, Geschlecht, Witterung oder Leichenlagerung auf die Verwesungsgeschwindigkeit hat. Der Verwesungsprozess wird dokumentiert, alle sechs Stunden werden die Leichen fotografiert, es werden Geruchsproben entnommen, und Entomologen untersuchen die Leichen auf Insekten. Außerdem wird das Gelände für die Forensik-Ausbildung von Special Agents des FBI genutzt.

Es gibt im Internet eine Menge Videos über die Body-Farm in Tennessee, also denke ich, da kann ich doch mal reinsehen. Bei meinem ersten Versuch komme ich bis Minute 15, und dann sieht man, wie Würmer aus den Eiern geschlüpft sind und sich aus Augen und Nase winden, und ich muss ganz schnell abdrehen. Am liebsten würde ich noch meinen Browserverlauf löschen, aus einer unwillkürlichen Angst heraus, die Würmer könnten sich materialisieren und aus meinem Bildschirm kriechen. Zu eklig. So abgebrüht bin ich nicht, dass ich mir so etwas ansehen kann. Und so abgebrüht bin ich nicht, dass ich mir denke, es wäre mir egal, würden sie aus meinem eigenen toten Schädel kriechen.

Im Grunde also eine Angst mehr als eine weniger.

Dann gehe ich es pragmatisch an: Würmer sind okay. Ich habe nichts gegen Würmer, ich ekle mich auch nicht vor ihnen. Ich würde sie nicht essen, und ich mag sie nicht auf meinem Körper haben, aber ich verstehe, dass unser Ökosystem sie braucht und dass sie an sich nicht widerlich sind. Ich googele also Würmer und Tod, und wer das tut, der kommt schnell zu jemandem, der sich Herr der Maden nennt: Mark Benecke, Kriminalbiologe und Spezialist für forensische Entomologie.

Oder verständlicher: Benecke untersucht Insekten auf Leichen, um Todeszeitpunkt, Todesart und Todesumstände zu bestimmen. Ich suche forensische Entomologie, und ich würde jedem davon abraten, insbesondere davor, sich die dazugehörigen Fotos anzusehen. Also jedem, der da so empfindlich ist wie ich.

Jedenfalls hält Benecke einen Vortrag in Hamburg, und ich denke mir, den höre ich mir an. Die Veranstaltung ist in der Fabrik im Stadtteil Altona, einem der bekanntesten Kultur- und Kommunikationszentren Hamburgs. Schon als ich dort ankomme, bin ich verwundert. Es ist ein Klub, eine Konzerthalle, mit Graffiti besprayte Wände, dröhnende Musik. Hier spielten einmal AC/DC, Chuck Berry, Nina Simone, Blumfeld – und heute also der Herr der Maden.

Die paar hundert Sitzplätze sind bereits besetzt, und ich bin überrascht von dem sehr unterschiedlichen Publikum. Da sitzen Hausfrauen mit Topfhaarschnitt neben Punks mit langen, grünen Haaren und Rockerpärchen in Lederhosen neben Professoren mit randloser Brille und grauem Dreitagebart. Hamburger Bildungsbürger und ihre alternativen Nachkommen, erstaunlich, was sie alle vereint.

Leider hat der Vortrag an diesem Abend keinen Titel, denn Benecke lässt sein Publikum selbst wählen. Und da setzen sich die Hamburger Bildungsbürger dann gleich einmal durch: Sie wählen das mir am langweiligsten scheinende Thema, nämlich »Mord im Museum«.

In den folgenden Stunden untersucht nun der Herr der Maden, ein freundlicher und sarkastischer Mann mit abrasiertem Haar und Steve-Jobs-Brille, Dias von mittelalterlichen Gemälden. Er erklärt, woher die abgebildeten Verletzungen wohl gekommen sind, welche Insekten welche Todesmale hinterlassen, wie Kreuzigungen tatsächlich funktionieren, was beim Erhängen passiert und ja, er zeigt dazugehörige Fotos. Ich sehe mich um. Die meisten Menschen werden munter, wenn Benecke Fotos von echten Toten zeigt.

Fotos von Tatorten. Fotos mit Blut. Es ist wie eine Folge der Serie »Criminal Minds«, nur in echt. Benecke macht das gut. Er lässt nie zu viel Realität zu, und er redet und redet und redet, er ist nicht zu stoppen. Alle paar Minuten macht er einen Witz, und das Publikum lacht erleichtert.

Dann wieder ein Foto einer Toten und eine Geschichte.

Der Tod als Event.

Die Verwesung als Entertainment.

Ich bin erstaunt, dass so viele Menschen gekommen sind, um sich das anzusehen. Benecke ist unglaublich bekannt, und sein Geschäft scheint einträglich zu sein. Hinten im Saal wird ein meterlanger Tisch aufgebaut, es werden seine Bücher verkauft, Gesellschaftsspiele, Plastikwürmer, Gimmicks rund um Tod und Verwesung. In der Pause drängen sich die Menschen daran vorbei. Nach dem Vortrag werden sie nach Hause gehen und haben sich einen Abend lang gegruselt. Als ich sie frage, warum sie hier sind, habe ich das Gefühl, sie wissen es selbst nicht recht. Sie antworten, sie hätten eben das Plakat gesehen. Oder es sei einmal etwas anderes. Oder sie hatten von Benecke gehört, der in der Satirepartei »Die Partei« aktiv ist, und wollten ihn einmal live sehen. Kabarett zum Thema Tod.

Keiner, den ich frage, bringt das Gezeigte mit seinem eigenen Tod in Zusammenhang. Oder mit dem eines bekannten Menschen. Dieser Tod hier, es ist der von anderen. Der eigene, der einen berührt, ist privat und intim. Die Spaltung kann ich nachvollziehen, trotzdem kommt sie mir komisch vor. Wo mache ich den Unterschied?

Benecke zeigt das Dia einer Frau, die im Rollstuhl saß. Ihr Alkoholikerehemann hat sie in dem winzigen, vielleicht 15 Quadratmeter großen Wohnwagen, in dem sie gelebt haben, erstochen. Er erklärt, wie er das beweisen konnte, wo doch Stichverletzungen eigentlich nicht stark bluten. Sie hatte sich vorne übergelehnt, um die Wunde im Spiegel besser betrachten zu können. Durch das Überbeugen hätte es angefangen zu bluten, und letztendlich sei sie daran gestorben. Nicken im Publikum.

In der Pause gehe ich. Ich, die ich so oft sarkastische Witze über den Tod mit Freundinnen reiße, finde das hier zu makaber. Wie kann das sein? Diese Toten, wie sie da so völlig ungeschützt auf Dias gezeigt werden, während Hunderte Menschen sie betrachten und dabei auf den nächsten saloppen Satz ihres Redners warten – es kommt mir komisch vor. Es ist nichts Falsches daran, und gleichzeitig kommt es mir falsch vor.

Eine gesunde Respektlosigkeit vor dem Tod finde ich schon wichtig. Aber dann sollte sie ehrlich sein. Es ist, als würden einem diese Veranstaltungen den Kitzel geben, den das Mysterium Tod noch hat. Ohne dass man riskieren muss, mit seinen Gefühlen oder Gedanken zu tief einzutauchen. Es kommt mir vor, als gebe es da einen großen Unterschied zwischen Leichen und Tod. Der Tod ist ein

Mysterium, etwas schwarzes Erhabenes. Leichen kann man ansehen, sie können einen gruseln lassen. Sie taugen zum Entertainment. Und Benecke ist ihr Meister. Ich fahre nach Hause.

Wenige Tage später stirbt Helmut Schmidt, einer der größten Söhne der Stadt an der Elbe. Die Trauerfeier im Hamburger Michel wird auf mehreren deutschen Sendern live übertragen. Es gibt viele Reden und wunderschöne Musik, und ich überlege, wie ich meine Beerdigung gerne hätte, und welche Reden, welche Musik Menschen wohl gerne bei ihrer haben.

Die Plattform bestattungen.de erhebt jedes Jahr die Top-Ten-Liste der gefragtesten Lieder bei Beerdigungen, also suche ich mir die Liste für das Jahr 2015.

Gereiht von Platz eins waren das:

Time To Say Goodbye – Sarah Brightman
Ave Maria – Franz Schubert
Candle In The Wind – Elton John
Das Leben ist schön – Sarah Connor
My Way – Frank Sinatra
Amoi seg' ma uns wieder – Andreas Gabalier
Der Weg – Herbert Grönemeyer
I Will Always Love You – Whitney Houston
Only Time – Enya
Air Suite Nr. 3 – Johann Sebastian Bach

Ein paar davon kann ich nachvollziehen, so wie Bach, die meisten davon nicht. Ich fände ja »Here comes the Sun« von George Harrison schön oder auch »Happy days are here again« von Charles King. Doch beides höre ich lieber jetzt gleich und lebend, als zu wissen, dass sie dann alle anderen hören, während ich tot bin. Eigentlich ist es mir momentan völlig egal, was den Menschen um mein Grab herum vorgetragen wird. Es ist mir auch egal, ob sie mich verbrennen, neben der Autobahn verscharren oder mir ein Denkmal bauen.

Jedenfalls: Bei Schmidts Beerdigung ist alles voller Respekt, voller Liebe. Die Stimmung, die Beerdigung, die Gesichter. Intelligentere Menschen, als ich es bin, sagen, der Tod ist das Einzige, das alle Menschen vereint. Er trifft jeden, unabhängig von Herkunft, sozialem Status, Reichtum.

Der große Gleichmacher unter uns Menschen.

Es ist wahr, jeder Mensch stirbt. Und in seinem Moment des Todes ist jeder Mensch alleine. Doch stirbt jeder Mensch unterschiedlich, und jeder Tod wird von Menschen anders wahrgenommen.

Im Tod sind alle Menschen gleich? Nein.

Nichts an ihrem Tod, nichts an ihrem Abschied aus der Welt war gleich zwischen Helmut Schmidt, angesehenem Elder Statesman, entschlafen im Krankenhaus mit ärztlicher Betreuung und umringt von seinen Lieben, verabschiedet in einem Staatsakt, mit jedem Respekt, der ihm gebührt, und einer namenlosen Frau, die in ihrem Wohnwagen erstochen wurde und deren Leiche auf Fotos bei Vorträgen die Runde macht und Menschen sich gruseln lässt. Ich sage nicht, dass das unfair ist. Menschenleben sind unterschiedlich, also sind ihre Tode es auch. Sie spiegeln wider, was im Leben war. Manche Menschen kriegen Chancen und nutzen sie, manche kriegen welche und nutzen sie nicht, manche kriegen nie eine Chance, und manche sollten eine zweite bekommen. Und nur ganz wenige sind ausgesprochene Persönlichkeiten wie Helmut Schmidt.

Wenn ich einmal sterbe, und ich es mir wünschen darf, hätte ich gern, dass mein toter Körper nicht zur Abendunterhaltung in einem Hamburger Klub dient. Vermutlich wäre mir dann aber sogar das egal.

»Vielleicht ist der Tod nur für die Hinterbliebenen unterschiedlich«, sagt Florian, als ich abends mit ihm darüber rede.

Ja, vielleicht. Vielleicht registriere ich in meinen letzten Atemzügen aber auch, warum und wie ich diese Welt verlasse. Das kann ich nicht vorausplanen.

Meiner Angst vor dem Tod setzt der Besuch bei Benecke nichts entgegen. Ähnlich wie bei den Leichen im Leichenhaus lässt es mich aber noch verstörter zurück.

Gesundheit

The more I see, the less I know for sure.

John Lennon

All die toten Menschen in dem Leichenschauhaus zu sehen führt für mich vor allem zu einer Frage: Wieso sind sie tot? Wieso sterben Menschen?

Die Antwort ist unerfreulich. Wir sterben konsequent ständig. Denn bevor erst unser Gesamtorganismus aufgibt, sterben jeden Tag unseres Lebens viele unserer über hundert Billionen Zellen. Von dem Moment an, ab dem wir auf der Welt sind, von dem Moment an, an dem unser Leben beginnt, vergeht es auch schon wieder. Stück für Stück, Zelle für Zelle. Oder wie es Samuel Beckett in Warten auf Godot schreibt: »They give birth astride of a grave, the light gleams an instant, then it's night once more.« – Sie gebären rittlings über dem Grabe. Der Tag erglänzt einen Augenblick und dann von neuem die Nacht.

Die meisten Menschen sterben an einer Krankheit. Die weltweit häufigste Todesursache ist – hoher Blutdruck. 2010 starben daran weltweit über neun Millionen Menschen. An zweiter und dritter Stelle von Todesursachen liegen Rauchen und Alkohol. So heißt es in der »Global Burden of Desease Study« aus dem Jahr 2010, der bis dato umfangreichsten Studie zu dem Thema Todesursachen, für die 486 Autoren aus fünfzig Ländern Daten aus 187 Ländern erhoben haben.

Herz-Kreislauf-Erkrankungen sind in der westlich orientierten Welt also Todesursache Nummer eins; dazu kommt Krebs. Die tödliche Krankheit kommt meist mit dem Alter, dass ein junger Mensch daran stirbt, ist eher die Ausnahme: Männer haben heute eine Lebenserwartung von fünfundsiebzig Jahren, Frauen von achtzig Jahren – Tendenz seit Jahren steigend.

Doch da gibt es einen großen Unterschied zwischen den Ländern. In reichen Regionen mag es so sein, in ärmeren Ländern gibt es ganz andere Todesursachen: Mangelernährung, Keime im Trinkwasser, enge und unsaubere Wohnverhältnisse sowie der Mangel an Medikamenten und Ärzten führen dazu, dass die Menschen dort relativ jung an ansteckenden Krankheiten sterben. Häufig, wie etwa bei der Immunschwächekrankheit AIDS, wissen Menschen in wenig entwickelten Ländern gar nicht, wie sie eine Ansteckung vermeiden können. Vielen Menschen fehlt das bloße Wissen darüber, wo es in ihrem Umfeld Gesundheitsrisiken gibt und wie man sie umgehen kann.

Die Dauer eines Lebens? Sie ist auch abhängig vom Wohnort. Und der ist nicht immer frei wählbar. Sie ist aber auch abhängig vom Reichtum. Mehr Geld besitzen heißt, länger leben.

Das Robert-Koch-Institut hat in einer 2016 veröffentlichten Studie festgestellt, dass sich die Lebenserwartung selbst innerhalb Deutschlands enorm unterscheidet. Unterteilt man das Einkommen in fünf Gruppen von arm bis reich, liegt der Lebenserwartungsunterschied zwischen der niedrigsten und der höchsten Gruppe bei Männern bei 10,8 Jahren. Bei fast elf Jahren! Bei Frauen ist es etwas weniger, aber immer noch genug: 8,4 Jahre beträgt die Differenz.

Das Einkommen hat außerdem Einfluss auf Krankheiten, was weiterführend heißt: Reichere Menschen leben nicht nur mehr Jahre, sie verbringen auch mehr Jahre in Gesundheit. Der Unterschied zwischen der niedrigsten und höchsten Einkommensgruppe hierbei: Frauen 13,3 Jahre, Männer 14,3 Jahre.

Wenn ich nicht sterben will, sollte ich zunächst also einmal reich werden. Das ist relativ schwierig und im Moment auch relativ utopisch. Mein Wohnort ist schon sehr gut, die durchschnittliche Lebenserwartung in Hamburg liegt bei 82,9 Jahren. Das ist mir zwar immer noch viel zu kurz, aber signifikant mehr kann ich in Deutschland nicht rausholen.

Am ältesten wird man hierzulande im Kreis Breisgau-Hochschwarzwald im Südwesten Baden-Württembergs, dort liegt die Lebenserwartung bei immerhin 85 Jahren, allerdings lässt mich das vor freudiger Erwartung auch nicht gleich den Umzugswagen rufen.

Da könnte ich beinahe wieder ins Burgenland ziehen, in

das Bundesland Österreichs, in dem ich aufgewachsen bin. Dort nämlich liegt die Lebenserwartung bei 83,34 Jahren. Tendenz steigend. Ich bitte Florian, mir ein paar Statistiken zu suchen, darauf versteht er sich besser als ich, und er schickt mir: einen Lebenserwartungsrechner. Als wären wir einander fremd.

Ich tippe meine Daten ein, und der Rechner sagt mir, wie viele Jahre ich noch habe. Laut dem – auf Österreich bezogenen – Ergebnis bleiben mir ab sofort 49,53 Jahre. Das macht ein erwartetes Alter von 83,9 Jahren. Dir bleiben nicht einmal mehr fünfzig Jahre, schreit mich die Statistik an.

»Das Gute ist: Ich hab auch nur noch fünfzig Jahre«, sagt Florian.

»Das Gute?«

»Ich glaub', ich mag auch nicht viel älter werden. Was soll denn da noch kommen? Außerdem sterben wir dann gemeinsam.«

Wahrscheinlich tun wir das wirklich, denn Florian ist jünger als ich, und Männer sterben früher, den Zeitsprung kann er so vermutlich aufholen.

Hat er recht? Wird ab achtzig nichts mehr kommen? Ich fahre den Rechner hinunter und mache einen Spaziergang.

Als ich zurückkomme, fühle ich mich gut. Was bleibt mir? Meine Gesundheit. Es heißt, Gesundheit und Liebe sind die wichtigsten Dinge im Leben. Jedes Jahr zu Neujahr wünschen Menschen einander vor allem das. Liebe

36

habe ich schon, will ich lange leben, sollte ich mich nun einmal um meine Gesundheit kümmern. Wenn die meisten Menschen an einer Krankheit sterben, kann ich zumindest versuchen, das zu verhindern.

Bisher bin ich, was man einen Sportmuffel nennt. Aber gut, nun bin ich über dreißig Jahre alt, also ein guter Zeitpunkt, damit anzufangen. Wenn ich schon sterben muss, dann bitte nicht an einer Herz-Kreislauf-Erkrankung und weil ich dreißig Jahre lang zu faul war, ein paarmal die Woche Sport zu machen. Vielleicht verschafft mir ein fitterer Körper ein paar Jahre mehr, vielleicht nicht, aber wenn ich es darauf ankommen lassen muss, dann wähle ich die mögliche Lebensverlängerung.

Ich google Lebenserwartung und Sport, und schon die ersten Links, die aufscheinen, lassen mich frohlocken: »So drastisch steigert Sport die Lebenserwartung«, »Sport verlängert das Leben um sechs Jahre«, »Läufer leben länger«. Na bitte. Ich lese Studien, laut denen schon eine Stunde pro Woche rasches Marschieren die Lebenserwartung um mehr als ein Jahr steigern kann. Um ein Jahr! Überzeugender wird es nicht.

Kurz fällt mir der Witz ein, der gerne erzählt wird: Wer jeden Tag eine Stunde laufen geht, verlängert sein Leben im Schnitt zwar um zwei Jahre, verbraucht aber insgesamt vier Jahre seines Lebens nur fürs Laufen. Ich schiebe das fürs Erste beiseite. Wenigstens lebe ich, während ich laufe.

In der Nähe unserer Wohnung gibt es ein Fitnesscenter, eigentlich ist es ein Wellnesstempel namens »Aspria«, mit Schwimmbad und Hotel und allem. Ich melde mich an, und nach kurzer Zeit weiß ich: Freunde werde ich dort wahrscheinlich keine finden, aber wer braucht die schon, wenn er ewig lebt! Jedenfalls werde ich nicht so recht aufgenommen in den Kreis der Uhlenhorster Frauen, und das könnte daran liegen, dass ich statt einem Louis-Vuitton-Sporttäschchen einen alten Rucksack von Florian benutze, statt einem Porsche auf dem Parkplatz höchstens mal ein Car2Go abstelle und wenn die anderen Frauen über ihre Sommerhäuser in Frankreich oder auf Sylt plaudern, ich daran denke, dass mir einige Hektar Land im Südburgenland in Österreich gehören. Immerhin, auch wenn der Grundstückspreis dort bei etwa vier Cent pro Quadratmeter liegt. Aber dann wieder: die Lebenserwartung!

So oder so, auf dem Laufband laufen und an ein paar Geräten meinen Rücken trainieren macht Spaß, und nach ein paar Wochen merke ich, dass ich ein besseres Gefühl für meinen Körper kriege. Muskeln bauen sich auf, mein Ruhepuls ist angenehm niedrig, ich keuche nicht, wenn ich die fünf Stockwerke des fahrstuhllosen Hauses in unsere Wohnung steige. Sogar meine Rückenverspannungen nehmen ab. Also ja, Sport ist wirklich eine gute Sache.

Das Fitnesscenter hat zwei Stockwerke, Laufbänder gibt es oben wie unten, aber unten, da ist auch die Kraftkammer. Jener Bereich, in dem richtig Kilos gestemmt werden.

Da sind vor allem Männer und manchmal sehr muskulöse Frauen. Nach einiger Zeit habe ich mir angewöhnt, unten zu laufen, weil ich da niemanden im Rücken habe. Wenn ich da so laufe, fällt mir auf, dass es viele fitte Männer gibt, die durchtrainiert aussehen, aber auch viele, die so muskulös sind, wie etwa Arnold Schwarzenegger muskulös war. Es sieht nicht gesund aus. Sehr viele hervorstehende Adern, hochrote Schädel. Ich bin mir nicht ganz sicher, aber ich denke, es ist ein schmaler Grat zwischen Sport, der gesund und lebensverlängernd ist, und Sport, der so ausgeübt wird, dass er zur Bedrohung für Leib und Leben wird.

Einmal laufe ich neben einer Frau, die plötzlich ihr Mobiltelefon aus der Tasche nimmt und zu reden beginnt. Mehr schlecht als recht, sie läuft ja weiter und keucht währenddessen minutenlang in ihr Handy. Wann wird etwas Gesundes zu etwas Ungesundem?

Und unwillkürlich frage ich mich, wer wird früher sterben: der, der gar keinen Sport macht, oder der, der so aufgepumpte Muskeln hat, dass er die Ärmel seines T-Shirts aufschneiden muss? Oder sagt das ohnehin nichts aus? Vermutlich.

Denn selbst wenn ich alle typischen Alterskrankheiten besiegen würde, selbst wenn ich weder an Krebs, einer Herz-Kreislauf-Krankheit, Demenz oder Diabetes leiden würde, selbst wenn ich fit und rank und gesund bliebe – ich würde dennoch sterben.

Wir sterben, weil wir alt werden. Weil unsere Organe verbraucht sind. Manche sagen, wir sterben, einfach, weil wir nicht alle leben können bei diesem begrenzten Platz auf der Erde.

2013 gründete der US-amerikanische Konzern Google eine Tochtergesellschaft: die »California Life Company«, kurz Calico genannt. Eine Biotech-Firma, die ein einziges, ein großes Ziel verfolgt: »Wir greifen das Altern an, eines der größten Geheimnisse des Lebens.« Ein großes Versprechen. Ein großartiges Versprechen, zumindest in meinen Ohren.

Auf der Website der Firma sieht man eine Baumscheibe, sie ist verwittert, voller Risse, wettergegerbt. Die Jahre eines Baumes zählt man anhand der Ringe, die sich bilden. Dieser Baum ist alt. Der älteste Baum der Welt ist es nicht, das ist nämlich ein Schwede. Alt Tjikko heißt die Fichte, die seit 9500 Jahren (ja, wirklich!) auf einer felsigen Hochebene in Schweden lebt.

»Wir sind Wissenschaftler aus den Bereichen Medizin, Molekularbiologie und Genetik. Unsere Forschung hat das Ziel herauszufinden, wie sich das Altern aufhalten lässt«, steht auf der Seite. Mehr Informationen zu kriegen ist schwierig.

Es ist der Stoff, aus dem unzählige Romane und Filme gemacht sind. Die Sehnsucht nach dem ewigen Leben, der ewigen Jugend, der Unsterblichkeit. Selbst das älteste überlieferte Stück Literatur widmet sich dem Thema.

Das Gilgamesch-Epos, die über 4000 Jahre alte Erzählung von König Gilgamesch, der sich nach dem Tod seines Freundes Enkidu auf die Suche nach der Unsterblichkeit macht – und schlussendlich scheitert, jedoch erkennt, dass er durch große Taten in der Erinnerung vieler bleiben und so auch unsterblich sein kann.

Wissenschaftler auf der ganzen Welt suchen nach der Formel für ein endloses Leben. Einer davon lebt nicht so weit weg von mir.

Wieso wir sterben

I choose my cards.
I play them to the best of my ability.
Move on to the next hand.

Hillary Clinton

Martin Denzel sieht sehr jung aus, und das irritiert mich, weil ich mir bei dem Begriff Altersforscher einen Mann um die sechzig vorgestellt habe, mit Pfeife im Mund und im weißen Kittel. Denzel ist allerdings erst Mitte dreißig, und das ist sehr jung, damit hat er noch über die Hälfte seines Lebens vor sich. Denzel arbeitet in Köln am Max-Planck-Institut für Biologie des Alterns. Gegründet im Jahr 2008, soll es im Wesentlichen erforschen, wie Menschen länger und gesünder leben können. Er leitet die Fachgruppe metabolische und genetische Regulation des Alterns, und als ich davon lese, schreibe ich ihm eine E-Mail. Er antwortet, er sei gerade auf Sumatra (Altersforscher wissen offenbar zu leben), und er melde sich nach seiner Rückkehr. Wenige Wochen später stehe ich auf dem Campus in Köln. Denzel holt mich an der Tür ab, streichholzkurze Haare, kariertes Hemd, offene blaue Augen, freundliches Lächeln.

Wir gehen in die Kantine, ich habe einen Katalog an Fragen und genieße es, dass ich jemandem gegenübersitze, der sie tatsächlich beantworten kann. Der alles weiß über die mir völlig unergründlichen Vorgänge des menschlichen Körpers. Ich esse ein Stück Kuchen, und etwa nach einer halben Stunde sagt Denzel, dass Zucker und Kalorien sich eher negativ auf meine Lebenslänge auswirken. Ich schiebe den restlichen Kuchen beiseite.

»Herr Denzel, ist es richtig, dass wir nach Tausenden von Jahren des Menschseins und nach Hunderten von Jahren der Forschung immer noch nicht wirklich wissen, warum der Mensch stirbt?«

»Ja, das ist richtig.« Denzel grinst und rührt seinen Kaffee um.

Die Ausgeglichenheit in Person.

»Warum sterben wir?«

Was folgt, ist ein komplizierter zweistündiger Dialog, den ich versuche so wiederzugeben, dass ich ihn auch selbst verstehe. Ich entschuldige mich schon im Voraus bei allen Lesern mit biologischer Vorkenntnis.

Ein Grund, warum wir sterben, liegt in der Zellteilung. Der menschliche Körper besteht zu zwei Drittel aus Wasser und aus etwa fünfzigtausend Milliarden Zellen. Hautzellen, Blutzellen, einfach Zellen. Jede Sekunde sterben eine Million Zellen und werden durch neue ersetzt.

In jeder Zelle gibt es Chromosomen, die wissen, welche Aufgabe die Zelle zu erfüllen hat. Und nun wird es spannend: An den Enden der Chromosomen sitzen sogenannte

43

Telomere, wie Fühler oder auch wie Schutzkappen. Jedes Mal wenn sich nun die Zelle teilt, und das tut sie, wenn sie nicht mehr größer werden kann, dann verkürzt das die Telomere um ein Stück. So lange, bis die Telomere nicht mehr kürzer werden können. Wenn das geschieht, lösen die kurzen Telomerenden eine Art Alarm aus, die Zelle wird funktionsuntüchtig und stirbt. Eigentlich zerstört sie sich selbst, aber dazu später. Manche Zellen sterben schon nach ein bis zwei Tagen, wie etwa Darmzellen, manche, wie etwa Knochenzellen, leben fünfzehn bis zwanzig Jahre. Das ist nicht so beunruhigend, denn die meisten Zellen werden durch neue ersetzt, nur Nervenzellen sehr selten.

Sind zu viele Zellen zerstört, stirbt das Organ, dann der Mensch. Zellwachstum ist unabdingbar für den menschlichen Organismus. Denzel redet, und in mir passieren zwei Dinge. Erstens werde ich immer sprachloser in Anbetracht dessen, was da in meinem Körper so vor sich geht, was ich weder bemerke noch kontrollieren kann. Während ich diesen Satz getippt habe, sind in meinem Körper drei Millionen Zellen gestorben und wurden neu gebildet. Während Sie einen Schluck aus Ihrem Glas nehmen – Millionen von Zellen tot. Wenn Sie aufstehen und eine Runde um Ihre Couch gehen – Millionen von Zellen tot. Wahnsinn, oder? (An dieser Stelle entschuldige ich mich nochmals bei jedem Leser mit biologischer Vorkenntnis.)

Unsere Zellen sterben und werden durch neue ersetzt, und ich bemerke es noch nicht einmal. Was für ein komplexes Konstrukt, dieser menschliche Organismus!

Zweitens: In sich mag es vielleicht schlüssig sein, wie der Körper funktioniert und reagiert, aber für mich fühlt es sich völlig willkürlich an. Setze ich meinen Körper Stress aus, fühlt er sich unwohl und verlangsamt meinen Alterungsprozess. Ist es zu viel oder der falsche Stress, altere ich doppelt so schnell und sterbe früher. Das hilft mir absolut nicht, im Gegenteil, ich spüre, wie mein Stresslevel in diesem Moment ansteigt, und zwar auf keinen Fall auf positive Art, wie mir scheint. Esse ich spartanisch und hungere, senkt das meinen Stoffwechsel und ist gut für ein möglichst langsames Altern, andererseits ist ein Leben in ständiger Kasteiung denn lebenswert?

Die Lösung, die einem spontan einfällt, ist: Verlängert man die Telomere ins Unendliche, sterben die Zellen nicht, sterbe ich nicht. Wie gelingt mir das? Denzel lächelt mich an, ich bin nicht sicher, ob aus Mitleid oder Freundlichkeit. Telomere zu verlängern ist möglich, das gelingt mit Hilfe von Telomerase. Doch es hat einen Haken, natürlich hat es einen Haken. Die einzigen Zellen, die Telomerase nutzen, sind: Keimbahnzellen für die Fortpflanzung, Stammzellen, die unsere Erbinformationen weitergeben – und Krebszellen. Lebt eine Zelle lange genug, wird sie mit großer Wahrscheinlichkeit zu einem Tumor. Will ich mein Leben also durch künstliche Telomerase in die Länge ziehen, dann werde ich vermutlich selbst einen Tumor heranzüchten und an Krebs sterben. Gemeine Ironie: Krebszellen selbst sind so gut wie unsterblich. Der Körper zerstört seine Zellen also selbst, und zwar tut er das klu-

gerweise, um nicht Gefahr zu laufen, dass daraus Krebszellen werden, die einen dann zerstören würden. Das ist
zwar einmalig schlau, gibt mir aber nicht gerade Hoffnung.

Denzel sagt, in der Altersforschung könne man den Körper
wie ein Auto betrachten. Irgendetwas wird immer kaputtge-
hen. Aber anders als bei dem Auto, bei dem der Verfall wahl-
los eintrifft, einmal ist es die Lichtmaschine, dann die
Bremsscheiben, verfällt der Körper kontrolliert. Die Leber
wird immer dem Alter entsprechend in die Jahre gekommen
sein, wie auch die Lunge und das Herz. Der Verfall von Jahr
zu Jahr spart nichts im und am Körper aus, und dass dieser
Vorgang kontrolliert stattfindet bedeute auch, dass er zu
kontrollieren sei.

Drehe an der richtigen Schraube, und du kannst alles
verändern.

Man muss nur die richtige Schraube finden, sagt er und
lächelt zufrieden. Immer noch ausgeglichen. Was er damit
sagt: Eine einzige Mutation könnte irgendwann einmal
ausreichen, um die Lebensdauer des gesamten Organismus zu verlängern. Das ist doch etwas. Zuerst muss man
sie natürlich finden, diese Schraube. Das ist der unerfreu-
liche Teil.

Kann ich etwas Konkretes dafür tun, um meinen Körper
und seiner Biologie zu helfen, möglichst langsam zu altern?

Nicht zu viel Stress, viel Schlaf, genug Sport, kein Übergewicht, nicht rauchen. So knapp bringt es Denzel auf den

Punkt. Dann überlegt er. »Eine Intervention, die aus der aktuellen Forschung kommt, ist folgende«, sagt er. »*Time-restricted feeding*. Das ist die Idee, dass man die biologischen Rhythmen durch Nahrungsaufnahme zum richtigen Zeitpunkt kontrolliert. Wenn Leute – und Mäuse – bei gleicher Kalorienzufuhr die Nahrungsaufnahme auf nur acht Stunden am Tag beschränken, hat das erstaunliche positive Effekte auf die Gesundheit.«

Nur acht Stunden am Tag essen, das kann ich. Nicht jeden Tag, aber das ist doch schon einmal etwas Handfestes. Damit kann ich etwas anfangen.

Vor kurzem bin ich über eine Meldung gestolpert, wonach Silicon-Valley-Milliardär und Donald Trump-Fan Peter Thiel, um den Tod zu verzögern, an einer klinischen Studie teilnehmen will, bei der Menschen ab 35 Jahren das Blut von 16- bis 25-Jährigen gespritzt bekommen, um ihre Körper wieder zu verjüngen. 8000 Dollar kostet das Teilnehmen an der Studie jeden Probanden, der Ausgang ist ungewiss. Ich erzähle Denzel davon, er nickt.

Es gab Experimente an Mäusen, wo je zwei zusammengenäht wurden, um einen gemeinsamen Blutkreislauf zu schaffen, und die Mäuse würden das ganz gut verkraften, sagt er. Also sei das wissenschaftlich schon solide. Das Problem bei der Studie war, dass es nicht gelungen ist, den jung machenden Faktor im Blut zu finden.

Über die nun geplante Studie an Menschen heißt es, es gebe keine ordentlichen Kontrollen, die ethischen Aspekte seien undurchsichtig. »Ich frage mich, ob dann verlässliche Ergebnisse produziert werden können«, sagt Denzel. Und fügt nach einer Pause hinzu: »Es birgt ein großes Risiko. Das Blut von anderen Menschen ist nicht unproblematisch, wenn man an Infektionen und mögliche Unverträglichkeit des Immunsystems denkt. Aber es ist durchaus möglich, dass junges Blut das Altern effektiv bremsen kann, also vielleicht sind Menschen, die bereit sind, diese Risiken einzugehen, am Ende die Visionäre.«

Ich überlege, ob es mir das wert wäre. Bluttransfusionen müssen regelmäßig stattfinden, sie sind ja nicht nachhaltig. Würde ich meinem Körper also regelmäßig fremdes Blut zuführen lassen auf den Verdacht hin, dadurch länger zu leben? Ich verabschiede mich von Denzel, der sich vergnügt den Fadenwürmern zuwendet, und verlasse das Gebäude. Ich bleibe stehen, spüre die Tropfen und den leichten Wind im Gesicht. Nein, das würde ich nicht. Vielleicht, denke ich, würde ich alles für ein ewiges, für ein möglichst langes Leben tun, aber dem ist nicht so. Ich will dem Preis nicht hinterherhecheln und darüber den Moment vergessen.

Kurz frage ich mich, was all die Forscher eigentlich so den ganzen Tag tun. Nach zweitausend Jahren Menschheitsgeschichte gibt es keine Tablette gegen eine simple Erkältung, und keine Idee, wie man das Leben verlängern kann.

Gleichzeitig, und damit hatte ich nicht gerechnet, beruhigt mich das Gehörte ungemein. Ich kann aufhören, mir

48

darüber Sorgen und Gedanken zu machen, ob ich mein Leben mit Hilfe von Medizin ins Unendliche ziehen kann. Solange ich lebe, wird es keine Wunderpille geben. Ich kann mich bemühen, ausgeglichen zu leben, gesund, aber mit gesundem Hedonismus, interessiert und offen, aber auch wieder stabil und ausgeglichen, und das wird meine Lebenserwartung vielleicht um ein paar Jahre beeinflussen. Und wenn ich an Peter Thiel denke: Wer will wirklich, dass alle anderen Menschen ewig leben? Ich eigentlich nicht.

Zeit also, sich auf das Leben zu konzentrieren.

Die häufigsten Todesursachen weltweit
nach der Weltgesundheitsorganisation 2011

1. Ischämische Herzerkrankungen: 7 Millionen Tote
2. Schlaganfall: 6,2 Millionen
3. Lungeninfektionen exklusive TBC: 3,2 Millionen
4. Chronisch obstruktive Lungenerkrankung/COPD: 3 Millionen
5. Durchfallerkrankungen: 1,9 Millionen
6. HIV/AIDS: 1,6 Millionen
7. Lungenkrebs: 1,5 Millionen
8. Diabetes: 1,4 Millionen
9. Verkehrsunfall: 1,3 Millionen
10. Frühgeburt oder zu geringes Geburtsgewicht: 1,2 Millionen

Geburtstag

Meine Mama hat im September Geburtstag, und seit Jahren wünscht sie sich dasselbe: Sie will den Sonnenaufgang auf der Rax sehen. Die Rax ist ein Berg in Österreich, an der Grenze der Bundesländer Niederösterreich und Steiermark, und als Kind war meine Mama mit ihren Eltern oft dort und später dann mit ihren Freunden zum Klettern. Dieses Jahr denke ich mir, was soll's, das machen wir. Ich rufe sie an, sie freut sich und ich organisiere alles, und einen Monat später stehen wir an ihrem Geburtstag unten auf dem Parkplatz, fertig zum Aufbruch: Mama, Bruder, Tante, Schwiegereltern, Florian und ich. Man geht so um die fünf Stunden auf den Berg. Die Hütte, in der wir übernachten wollen, liegt 1804 Meter über dem Meeresspiegel. Das Wetter könnte nicht besser sein, keine Wolke am Himmel, die Sonne strahlt, uns wird heiß, langsam verlieren wir uns in Grüppchen. Mein Bruder ist als Erster oben, ich gehe neben Florian, wir machen oft Pause und sehen hinunter und wie sehr sich die Welt um uns herum verändert. Der Aufstieg ist anstrengender, als ich erwartet habe, aber als ich dann oben bin, ist es unbeschreiblich. Der ungehinderte Blick ins Tal, das Sitzen in der Sonne. So hoch oben habe ich immer das Gefühl, dass sich schon alles finden wird. Dass manches gar nicht so wichtig und drückend ist, wie es sich unten anfühlt. Die Stimmung ist gelöst, wir lachen viel, dann essen wir Torte, und um neun Uhr abends liegen wir im Bett. Schließlich wollen wir den Sonnenaufgang sehen. Am nächsten Tag stehen wir um fünf Uhr früh auf. Wir tappen durch die kalte Berghütte in das Badezimmer, wo es nur kaltes Wasser gibt, verzichten auf zu ausführliches Waschen, ziehen uns stattdessen alles in Schichten an, was nur geht, und machen uns auf zur Spitze: die Heukuppe, 2007 Meter hoch. Es ist stockdunkel draußen, der Wind stürmt, und es ist richtig kalt. Geduckt gehen wir im Gänsemarsch Meter um Meter, es fühlt sich an wie auf einer Expedition im Nirgendwo. Wir nehmen die Smartphones als Taschenlampe, finden den Weg trotzdem nicht, und so stolpern wir über die Latschen, querfeldein, Hauptsache, es geht nach oben.

Wir gehen etwa vierzig Minuten, und auch wenn die Rax nicht der höchste Berg ist, ist es nicht so, dass wir uns nicht konzentrieren müssten. Manchmal drehe ich mich um, in weiter Ferne und ganz unten sehe ich Lichter, Dörfer, die zum Leben erwachen. Langsam verfärbt sich der Himmel in ein Rosa, Hellblau, die Wolken immer noch schwarz, über unseren Köpfen noch das Dunkel. Der Wind geht immer stärker, ich friere, und ganz oben steht zum Glück ein Denkmal, erbaut aus Steinen, und an drei Seiten tobt der Wind, aber an einer ist es ganz still. Wir stellen uns geduckt nebeneinander, es ist sechs Uhr früh, als wir oben sind, der Sonnenaufgang ist für 6.55 Uhr angesagt, und noch nie habe ich den Sonnenaufgang über eine Stunde lang beobachtet. Es ist wunderschön zu sehen, wie sich die Welt Minute um Minute verändert. Dabei ist es immer noch sehr, sehr kalt, außerdem haben wir alle Durst. Große Freude, als mein Schwiegervater neben einem Flachmann auch eine Flasche Wasser aus der Jacke zaubert. Wir stehen und warten, wir beobachten die Welt um uns, wir lachen, wir machen Fotos, um uns die Zeit zu vertreiben. Und langsam wird es heller. Die Wolken werden orange, dann rot, die Sonne beleuchtet sie von unten. Alles erwacht. Pünktlich um fünf vor sieben sehen wir den ersten sichelförmigen Ansatz der Sonne, und dann geht es ganz schnell, ein paar Minuten später steht die ganze Sonne schon am Himmel. Sofort wird es spürbar wärmer. Ich umarme meine Mama. Es ist ein wunderschöner Moment, auch weil ich ihn mit all diesen Menschen erlebe, die ich liebe. Wir fühlen uns, als hätten wir den Mount Everest bestiegen. Vor allem, nachdem wir uns an den Abstieg gemacht haben und die Strecke vor uns sehen, die wir hinaufgegangen sind. Sie ist viel länger und steiler als gedacht, und hätten wir das vorher gesehen, hätte uns vielleicht der Mut verlassen. Wir stoßen auf eine Herde Gämsen, die uns verächtlich ignoriert. Einer nach dem anderen kommt in der Berghütte an, wir reden wenig, wir sind ein

bisschen wie verzaubert, jeder in seiner Welt. In der Berghütte kommt die Realität zurück, wir wärmen uns ein
bisschen auf und frühstücken. Dann brechen wir auf,
mittlerweile strahlender Sonnenschein, die Temperatu-
ren klettern ein Grad nach dem anderen hinauf. Zurück
gehen wir eine längere Route, wir laufen über weite Wie-
sen, wir klettern ein bisschen beim Abstieg, wir machen
Pause und sitzen in der Sonne.

Wenn wir Rast machen, trinken meine Mama und ihre
Schwester Skiwasser, das ist eine Art Himbeergetränk und
als die beiden Kinder waren, haben sie das geliebt. Die bei-
den reden darüber, wo sie wann herumgelaufen sind, sie
erzählen uns Geschichten, die Zeit vergeht schnell. Am
Nachmittag sind wir wieder unten auf dem Parkplatz. Die
Beine tun mir weh, und ich bin unglaublich glücklich.
Wenn ich mich umdrehe und hinauf zur Spitze sehe, kann
ich nicht glauben, dass ich da oben war. Es sind Bilder, die
ich nie vergessen werde, Tage, die ich nie vergessen werde.
Zwei Tage, die sich anfühlen, als wäre ich in einer anderen
Welt. Vieles von dem, was mich unten bedrückt hat,
scheint wie weggefegt. Es ist einfach nicht mehr so wich-
tig. Mein Kopf, mein Geist atmen durch. Am Abend sind
Florian und ich wieder in Wien, alles tut uns weh, vor-
sichtshalber nehmen wir jeder eine Magnesiumtablette.
Meine Mama schreibt mir, wie glücklich sie ist. Das sei der
schönste Geburtstag seit Jahren gewesen. Ich freue mich.
Noch Tage später strahlt sie, wenn sie davon erzählt. Von
diesem Moment da oben, als wir alle dicht nebeneinander-

standen, um uns vor dem Wind zu schützen, von dem Moment, als die Sonne endlich zu sehen war. Ich bin froh, dass wir das gemacht haben. So oft schiebt man Dinge auf. Viel öfter sollte man sie einfach tun.

Die Zeit eines Lebens

We want the world, and we want it now.

The Doors

Als ich einem Freund von diesem Buch erzähle, sagt er, ja, das sei schon lobenswert, das zu schreiben. Er wolle auch nicht sterben, fast niemand will das, nur warum sich noch extra damit beschäftigen? Nie im Leben. Kaspar heißt er, und er sagt: »Wenn ich vor etwas Angst habe, dann beschäftige ich mich nicht damit. Im Gegenteil: Das Beschäftigen mit der Angst nimmt mir doch Zeit, die ich genießen könnte, ohne an den Tod zu denken, der ja ohnehin kommen wird?« Hm.

Am nächsten Tag habe ich keine Lust weiterzuschreiben, also lenke ich mich ab, und beginne alte Fotos zu sortieren und in Alben einzukleben. Viele Kindheitsfotos, viele Erinnerungen. Da tanze ich mit meinem Vater zu Silvester 1998 unter dem Nussbaum, unter den er sich zehn Jahre später legt und tötet. Da tanzen meine Eltern und sehen glücklich aus. Fotos von meinem Vater als Kind, als Jugendlicher. Ich erinnere mich an Lachen, an Lärm, das Toben, die laute Musik, an seine Erklärungen und sein Wissen. So viel Lachen. So viel Liebe.

Ich sehe Fotos von mir und Till, eines davon, als er mich das erste Mal im Arm hält, nachdem ich auf die Welt und nach Hause gekommen bin. »Puppe anschauen«, hatte der damals Dreijährige zu meiner Mutter gesagt, und dann hält er mich, die Puppe, im Arm, ein stolzer großer Bruder.

Meine Oma hat einmal zu mir gesagt: »Wenn du älter bist, wird der Moment kommen, an dem du sterben willst. An dem du keine Angst mehr haben wirst. Irgendwann ist man fertig mit dem Leben. Irgendwann hat man so viele geliebte Menschen begraben, und man ist müde, und der Körper funktioniert nicht mehr. Dann willst du nicht mehr weiterleben.«

Sie ist 96 Jahre alt geworden, und ich weiß, dass sie ab ein paar Jahren vorher nicht mehr wollte. Immer wenn ich zu ihr gesagt habe: »Oma, du wirst noch hundert!«, hat sie den Kopf geschüttelt und gesagt: »Nein, bitte nicht.« Das war keine Koketterie. Sie wollte wirklich nicht mehr leben. Ich verstehe das nicht, aber vielleicht werde ich sie einmal verstehen, wenn ich 96 bin. Und wenn ich so mein bisheriges Leben an mir vorbeiziehen lasse, dann kriege ich sogar eine Ahnung davon. Wie viele Erinnerungen zu sammeln ist gut, und ab wann ist es genug? In so einem Leben, da kommt viel zusammen, und vielleicht ist es wirklich so, dass es irgendwann genug ist. Wie viele Leben in einem kann man leben? Wie viele will man überhaupt leben?

Während ich die Fotos sortiere, tappen immer wieder die Katzen hinein. Es macht ihnen Spaß, und ich nehme sie, streichle sie und denke, wie viele Katzen hatte ich schon in meinem Leben. Unglaublich viele. Ich bin auf einem Bauernhof aufgewachsen, wir hatten immer mindestens vier Katzen, und dann wurde eine überfahren oder verschwand oder war altersschwach, und dann waren da wieder neue. Ich könnte vermutlich nicht mehr alle Namen aufsagen. Jetzt habe ich diese zwei. Und irgendwann habe ich andere. Es ist vermutlich wenig sinnvoll, meine Lebensspanne an Katzen zu messen, aber es ist etwas Greifbares. Was habe ich gemacht, zwischen meinen letzten Katzen und diesen? War es sinnvoll?

Wir verlieren jeden Tag etwas. Zeit, Lebensspanne, Menschen, Tiere. Wir schaffen jeden Tag etwas: Erinnerungen, Erfahrungen, Momente.

Marc Wittmann arbeitet in Freiburg an einem Institut für Grenzgebiete der Psychologie. »Unsere Wahrnehmung von Zeit sagt etwas über uns selbst aus«, schreibt er in seinem Buch »Gefühlte Zeit: Kleine Psychologie des Zeitempfindens«. »Wir sind gewissermaßen die Zeit, unser Zeitgefühl reflektiert unsere Lebensweise und unser Selbst. Zum geglückten Leben gehört ein reifer Umgang mit der gefühlten Zeit – im Augenblick wie aufs Ganze des Lebens gesehen.«

Wenn ich meine Zeitspanne nicht verlängern oder verändern kann, so doch die Dauer, in der sie mir erscheint? Kann ich gefühlt länger leben? Ich rufe Wittmann an. Wenn ich die Dauer subjektiv empfinden und beeinflussen kann, ist es dann möglich, mir selbst durch objektives Zeitgefühl ein längeres Leben vorzugaukeln?

Routine beschleunigt das Leben, emotionales Erleben verlangsamt, sagt Wittmann, und dann den schönen Satz: »Emotionen sind Klebstoff im Gedächtnis.«

Ein abwechslungsreiches Leben voll Intensität wirke im Nachhinein verlängernd, ein intensiver Umgang mit Menschen könne das Leben strecken. Ein Messgrad sei hierbei die emotionale Selbstregulation bei Menschen. Je höher diese ist, desto länger erscheint ihnen ihr Leben. Der sperrige Begriff bezeichnet die Fähigkeit, Gefühlen nicht nur ausgesetzt zu sein, sondern sie beeinflussen zu können oder auch: statt sie passiv zu erleben, aktiv damit umzugehen.

Ich überlege. Meistens ist zuerst das Gefühl, dann erst kommen Reflexion und Einordnung. Wenn ich aus der passiven in die aktive Rolle will, muss ich also versuchen, meine Gefühle viel bewusster wahrzunehmen. Nicht Spielball sein, sie auch nicht steuern, sondern mir meiner Gefühle bewusst sein. Es ist ein Begriff, der sich durch die Unterhaltung zieht und der auch sonst oft fällt, wenn es um lebenswertes Leben geht. Bewusst sein. Bewusstsein. Was soll das eigentlich heißen?

In der Nacht schlafe ich schlecht, ab fünf Uhr früh liege ich wach. Ich beschließe, dass das so keinen Sinn hat und stehe auf. Ich ziehe mir mein Sportgewand an, meine pinken Mädchen-Laufschuhe und renne vor zur Alster. Es ist schon hell, ein bisschen nebelig, es riecht nach Wasser und Fisch. Nur sehr wenige Menschen sind bereits unterwegs, die meisten sind Läufer. Ich drehe mich nach rechts und beginne, den Sandweg entlangzulaufen. Als ich nicht mehr mag, verfalle ich in einen schnellen Gehschritt. Wahrnehmen. Bewusstsein schaffen.

Ich sehe mich um. Ich versuche genau hinzuhören. Enten, Schwäne und Gänse auf der Alster. Ein ziemlicher Wind, meine Ohren tun etwas weh. Vogelgezwitscher. Auf einer Bank steht eine leere Weinflasche, auf der Wiese davor liegen Plastikbecher. Ich gehe vorbei, dann drehe ich mich um und gehe zurück. Ich sammle den Müll ein und werfe ihn in den nächsten Eimer.

Ich ertappe mich dabei, dass ich darüber nachdenke, was nach meinem Lauf kommt. Was heute noch alles erledigt werden soll. Dann werde ich schneller und etwas ungeduldiger. Jedes Mal rufe ich mich selbst wieder zurück. Nun bin ich unterwegs. Ich werde nicht schneller werden, und ich brauche auch nicht ungeduldig sein.

Ich bin meine Zeit.

Ich fülle sie mit Dingen, und welchen Sinn haben diese Dinge, wenn ich währenddessen nicht bei der Sache bin? Dann ist mein Tag, mein Leben, ein Hasten von einer Sache zur anderen.

Es ist paradox: Noch nie hatte der Mensch so viele Dinge, die ihm Zeit ersparen, und noch nie hatte er dennoch so sehr das Gefühl, zu wenig Zeit zu haben. Der Mensch ist gehetzt. Er isst im Gehen, er checkt seine E-Mails, während er in der U-Bahn sitzt, telefoniert im Fitness-Center, steigt mal schnell in ein Flugzeug, um bei einer Sitzung in einem anderen Land dabei zu sein, und ist trotzdem am nächsten Tag wieder an seinem Arbeitsplatz.

Noch nie hatten wir so viel Lebenszeit zur Verfügung wie heute. Die Lebenserwartung hat sich in den vergangenen Jahrzehnten verlängert, die Arbeitszeit hat sich verringert, die Wegzeiten sind kürzer und sogar die Schrittgeschwindigkeit von Menschen in Industrieländern hat innerhalb eines Jahrzehntes um zehn Prozent zugenommen. Gleichzeitig nutzen wir diese Zeit nicht für Pausen oder fürs Nichtstun, sondern wir stopfen sie zu. Je mehr Zeit wir haben, desto mehr Zeit verplanen wir. Wer sitzt schon einmal eine Stunde herum und tut absolut nichts? Es käme einem vor wie verschwendete Zeit, und doch: Was ist schlecht an verschwendeter Zeit?

Je älter wir werden, desto schneller verfliegt unsere Lebenszeit. Leben wird zur Routine, und je routinierter wir werden, desto weniger Neues muss unser Geist verarbeiten und abspeichern. Die Zeit scheint wie nichts zu vergehen, und das ist nicht verwunderlich, schließlich fehlen Höhepunkte, Neuigkeiten, Eckpfeiler.

Wenn wir jung sind, passiert so viel zum ersten Mal. Das merken wir uns besser, und es erscheint uns zeitlich viel länger. Florian und ich leben seit einigen Jahren in

Hamburg, und wenn ich daran als Gesamtes denke, dann erstaunt es mich, wie lange wir hier sind und wie schnell die Zeit vergangen ist. Aber wenn ich anfange, es auseinanderzunehmen und an einzelne Momente zu denken, an unseren ersten Abend, als wir das erste Mal am Hafen waren und Bier getrunken haben, als wir das erste Mal mit unseren neuen Freunden essen waren – dann merke ich, wie die Zeit beginnt, sich zu dehnen. Da war doch viel in diesen Jahren.

Erinnerungen sind Zeitmarker.

Herr Wittmann, manchmal habe ich das Gefühl, als wäre das mein drittes Leben. Als wären die Todesfälle so wahnsinnig massive Pfeiler in meinem Leben, dass sie mein Leben teilen. Und als wären sie so lang her und hätten gleichzeitig so lange gedauert, dass ich jetzt eigentlich noch älter sein müsste, als ich es bin. Kann Zeit gleichzeitig langsam und schnell sein?

Wittmann macht eine Pause. Dann erzählt er mir eine Liebesgeschichte, eine unglückliche, und dass die Zeit, in der er gelitten hat, zwar lange her ist, aber dass er im Nachhinein sogar noch Tage und Wochen auseinanderhalten kann.

»Es ist, als würde ich mit der Lupe auf diese Zeitpunkte zoomen, während ich über andere Abschnitte oder Jahre drüberfliege, und ein Tag mit dem anderen verschmilzt.«

Was streckt denn nun das Leben? All das. Rauszukommen aus dem Trott der Routine, den Autopiloten abzuschalten, sich und seine Umgebung bewusster bemerken.

Je mehr Neues und Emotionales man erlebt, desto mehr prägt sich im Gedächtnis ein – und desto stärker entschleunigt sich das Leben rückblickend. Das bedeutet: Jeder kann die gefühlte Zeit abbremsen. An je mehr Ereignisse wir uns erinnern, desto länger kommt uns eine Zeitspanne vor. Also lass uns Ereignisse schaffen! Jene, die es uns wert sind, uns zu erinnern. Freunde finden, die es wert sind, Zeit mit ihnen zu verbringen.

Unbekanntes leichter wagen, denn selbst ein Fehlschlag bleibt in Erinnerung. Vor allem wenn er überwunden ist.

»Ich hoffe, dass es mir am Ende meines Lebens so gehen wird wie nach den Sommerferien in der Schule. Am Anfang war da ein weites Feld von sechs Wochen zu füllen, unendlich viel Zeit, und da waren Erlebnisse, ich bin mit meinen Eltern verreist, habe Freunde getroffen, und je länger die Ferien gedauert haben, desto mehr fand ich die Schule dann auch wieder okay. Ich hoffe, dass ich am Ende meiner Ferien mit einem Glas Wein in der Hand meinem Tod entspannt entgegensehe«, sagt Wittmann. Ein schöner Gedanke.

Die Geburt des Todes

Unter jedem Grabstein liegt eine Weltgeschichte.

Heinrich Heine

Am nächsten Tag ist Sonntag, und ich möchte etwas tun, woran ich mich am Ende meines Lebens noch erinnern kann, ganz im Sinne von Wittmanns Anregung, mir Erinnerungen zu schaffen, die mein Leben rückblickend länger erscheinen lassen. Ich frage Florian, ob er mit mir irgendwohin fährt, und so steigen wir in der Früh in Altona in den Zug und fahren nach Sylt. Ich war noch nie an der Nordsee, das ist also eine gute Idee. Drei Stunden später sind wir dort, es stürmt und nieselt und ist etwa 14 Grad kalt. Ich friere, aber egal. Wir zahlen die Kurtaxe, damit wir an den Strand dürfen, denn wenn wir schon einmal hier sind, bleibt wenig anderes zu tun.

Ich hole mir ein Glas Grauburgunder, Florian sich ein Jever, dann drehen wir einen der Strandkörbe in Richtung Meer, damit wir die Wellen sehen können. Wir setzen uns hinein, und gleich ist es leiser, er schützt uns vor dem Sturm und weil das Wetter so schlecht ist, befinden sich außer uns kaum Menschen am Strand.

Meine Mama sagt, man wird auch einsam, weil man Erinnerungen irgendwann mit immer weniger Menschen teilen kann. Manche Erinnerungen irgendwann mit niemandem mehr.

Wenn sie nur noch in mir existieren, wie wahr sind sie dann noch?

Ich sehe Florian an, er redet über irgendeinen Artikel, irgendetwas mit neuen Medien, das interessiert mich nicht, ich sehe ihn einfach an und frage mich, was wird mit dieser Erinnerung passieren, wenn er tot ist. Oder ich. Mein Leben, unser Leben, es ist nicht einmal ein Wimpernschlag in der Geschichte der Welt. Und für mich ist es alles.

Wenn man den Gedanken zu groß werden lässt, ist nichts mehr viel wert. Wenn er zu klein ist, wird man selbst zu groß.

Ab dem Moment, wo Leben war, war Tod. Wann hat der Mensch ihn ritualisiert? Und warum? Ich sehe auf die Wellen vor mir. Diese Achtung vor dem Tod, dieser große Respekt vor Toten, das kommt mir wichtig vor, aber gleichzeitig auch verlogen.

Als ich ein Kind war, war ich ganz versessen auf Mittelaltersagen. Ich weiß noch, dass es mich schon damals verwundert hat, wie sich die feindlichen Heere tagsüber bekriegen konnten und in der Nacht Seite an Seite ihre Toten vom Schlachtfeld tragen durften, um sie anständig zu bestatten. Menschen im Krieg zu töten ist erlaubt, ihre Leichen zu missbrauchen, steht unter Strafe. Wie geht das denn? Man sollte meinen, der lebende Mensch ist interes-

65

sant, und sobald er sein Leben verliert, wird er unwichtig. Menschen können einsam in Wohnungen sterben. Menschen können als Flüchtlinge in einem Lkw versteckt qualvoll ersticken. Man stelle sich vor, die Leichen würden genauso achtlos behandelt wie der zuvor lebende Mensch. Die Entrüstung der Bevölkerung wäre groß. Also warum diese Achtung vor dem Toten?

Ich erinnere mich, dass ich darüber einmal mit Stefan, einem Freund von mir, geredet habe, und er meinte, das war vielleicht einmal. Er sagt: »Die Bedeutung eines Menschenlebens wurde im Zweiten Weltkrieg quasi genullt. Sei es innerhalb der regulären Truppen – wie durch das Aufstellen von Strafbataillonen in der Deutschen Wehrmacht oder der Roten Armee – oder bei der Nutzung von Menschen als Teil der strategischen Kriegsführung, wie etwa bei der Roten Armee, die am Anfang des Russlandfeldzugs auf die Politik der *Verbrannten Erde* setzte, also auf ihrem Rückmarsch systematisch Dörfer und Städte zerstörte, damit die vorrückenden Deutschen keine Verpflegung und Unterkunft hatten.« Bei den Russen hätte Stalin den Befehl gegeben, jeden zurückweichenden Rotarmisten sofort erschießen zu lassen; bei den Nazis wurden in den letzten Kriegsmonaten Zivilisten rekrutiert, um sie der Roten Armee entgegenzustellen. »Kanonenfutter, allenthalben.«

Im Zweiten Weltkrieg wurde der Tod allgegenwärtig, durch seine Willkür und Brutalität fast schon normal. Völlig entkoppelt von jeder »soldatischen Ethik« war der uneingeschränkte Bombenkrieg der Alliierten gegen Ziele in Deutschland – das alles vor dem Hintergrund der Ermordung von sechs Millionen Juden machte den Tod zu einem nachgerade alltäglichen Akt.

Da war kein Vergleich mehr möglich zum Mittelalter oder bis in die Zeit des frühen 19. Jahrhunderts, als es noch von einer Oberschicht befehligte Heere gab, die nur im Kriegsfall einberufen wurden und den Tod mehr oder weniger auf das eigentliche Schlachtfeld beschränkten.

Ich erinnere mich an Bilder von Massengräbern, an Zeitzeugenberichte, wie Nazis Menschen zwangen, sich vor einer Grube aufzustellen, sie erschossen, und sie dann zu den bereits Getöteten fielen. Kein Respekt vor dem Leben, keiner vor dem Tod. Eine Tötungsmaschinerie ohne Achtung, ohne Menschlichkeit.

Und doch zeigt die Geschichte eigentlich, dass der Mensch den Tod schon in Urzeiten als etwas verstanden hat, das Aufmerksamkeit bedarf und einer Auseinandersetzung damit. Die ältesten bekannten Gräber stammen von den Neandertalern, sie sind an die 100 000 Jahre alt. Die Gräber liegen im Nahen Osten, in etwa einen Meter tiefen Mulden fand man Skelette auf dem Rücken oder auf der Seite liegend, mit angewinkelten Beinen. Begraben wurden Erwachsene genauso wie Kinder. Und: Es scheint, als wurden Blumen mit ins Grab gegeben. Da war also kein bloßes Verscharren in der Erde, sondern es gab bereits ein rituelles Verabschieden. In manchen Gräbern fand man auch Grabbeigaben, Geschenke. Dem Tod wurde etwas Wichtiges beigemessen.

Und schon bei den Neandertalern gibt es Hinweise darauf, dass Verletzte versorgt wurden. Dass sich gekümmert wurde und Menschen wieder gesund gepflegt wurden. Das heißt auch, dass der Tod immer etwas war, das der Mensch hinauszögern wollte.

Wer sich umsieht, kann in allem Tod sehen. Jeder Mensch wird sterben, jede Pflanze irgendwann eingehen, jedes Tier hat seine Zeit. Man kann aber auch in allem Leben sehen. Die Zeit, die noch bleibt, die Zeit, die genutzt werden kann.

Ich stehe auf und beuge mich zu Florian. Ich umarme ihn lange, ich bin froh, hier zu sein und am Leben. »Komm, lass uns Austern essen gehen«, sage ich. Er wirkt ein bisschen verwirrt, aber er nickt. »Gut.«

Auf Sylt gibt es eigens gezüchtete Austern. Wenn ich schon einmal hier bin, dann will ich sie auch probieren, also gehen wir in ein Fischlokal in der Nähe des Hafens. Als ich am Tresen sitze, treffe ich zufällig eine Bekannte aus Österreich. Ich habe sie lange nicht gesehen und freue mich.

Ohne die Gesellschaft anderer sterblicher Wesen kann sich das eigene Todesverständnis nicht bilden. Um die eigene Vergänglichkeit zu begreifen, braucht man den Tod anderer. Je näher diese einem stehen, desto bewusster wird einem die eigene Sterblichkeit. Der französische Philosoph Jean-Paul Sartre hat das in etwa so erklärt, dass für einen

Menschen durch das Sterben einer nahestehenden Person auch ein Teil des WIR stirbt. Also auch ein kleiner Teil der ersten Person, ein kleines Stück seiner Identität. Dieser Tod zwingt diesen Menschen nun dazu, sich tiefergehend und emotionaler mit seiner Sterblichkeit auseinanderzusetzen.

Ohne die Gesellschaft anderer sterblicher Wesen würden wir den Tod nicht so wahrnehmen, wie wir es tun. Und da es unmöglich ist, Teil einer Gesellschaft zu sein, ohne dem Tod zu begegnen, entwickeln wir Riten, die den Umgang mit Sterbenden und Toten festlegen und zugleich auch Mythen, die Antworten liefern sollen auf das große Unbekannte des Todes, auf die ewige Frage, was passiert nach dem Tod?

Eine Gesellschaft, in der der Tod des anderen eine zeitlich zwar variable ansonsten aber unumstößliche Wahrheit ist, muss sich etwas einfallen lassen, wie der Umgang mit Sterbenden und Toten geregelt wird.

In der ägyptischen Religion ging es vor allem darum, sich im jetzigen Leben auf das nächste vorzubereiten. Der Tod als Dreh- und Angelpunkt. Wer den Körper erhält, wer eine materielle Unvergänglichkeit des Körpers garantiert, der kann bestehen bleiben und ewig leben. Der erhaltene Körper bietet Schutz vor dem Ablauf der Zeit. Die erste ägyptische Statue ist der Mensch, mumifiziert, gegerbt und in Natron konserviert.

In fast allen Religionen hat die Art, sein Leben zu führen, Konsequenzen für die Existenz nach dem Tod. Der

Tod erstreckt sich in das Leben. Die christliche Vorstellung von Tod, Erlösung, Jenseits, Auferstehung und dem ewigen Leben durch die Gnade Gottes ist Leitmotiv. Ich denke an das Glaubensbekenntnis, »gekreuzigt, gestorben und begraben, hinabgestiegen in das Reich des Todes, am dritten Tage auferstanden von den Toten, aufgefahren in den Himmel«. Florian sieht mich in meinem Gemurmel irritiert an. »Unser Umgang mit dem Tod hängt untrennbar an Religionen«, sage ich. Er nickt. »Meinetwegen. Können wir vielleicht zuerst essen, bevor wir Religionsgeschichte durchackern?« Ich grinse. Gut, später.

Wir essen auf, und dann schlendern wir eng umschlungen und recht glücklich in Regen und Wind zurück zum Bahnhof. Florian will sich noch eine Zeitung in dem kleinen Kiosk kaufen und entdeckt lustigerweise mein erstes Buch. Es steht, eingerahmt von Sylter Kriminalromanen in einer Seitennische. Ausgerechnet hier wird es verkauft. Ich lache, Florian macht ein Foto von mir damit, und dann steigen wir in den Zug, ich lese ein Buch, er Zeitung, und wir fahren wieder heim. Ja, an diesen Tag werde ich mich erinnern.

Einige Wochen später sitze ich auf unserem Balkon, ich bin ein bisschen unkonzentriert, ich sehe den spielenden Katzen zu, dann beuge ich mich über das Geländer und beobachte die Wildhasen, die unten im Garten auf und ab rennen. Ich gehe in die Küche und hole Karotten, werfe sie ihnen hinunter und setze mich wieder hin. Neben mir steht

Basilikum. Meine Mama sagt, der Geruch von Basilikum macht glücklich. Ich fühle mich gerade nicht sonderlich glücklich, auch nicht schlecht, am ehesten fühle ich mich wohl neutral.

Ich erinnere mich an ihre Worte, reiße ein Blatt ab und kaue darauf herum. Ist es toll? Keine Ahnung. Es ist nicht schlecht. Fühle ich mich glücklich? Na ja. Vielleicht geht es oft nur um das Wahrnehmen. Wieder taucht es auf: Bewusstsein. Es ist besser, das Basilikum zu bemerken als nicht. Das Leben ist schön. Nicht immer, keine Frage. Aber generell schon. Das vergesse ich immer wieder und ziemlich schnell.

Unlängst hatte ich eine Lesung, und danach bin ich nach Hamburg geflogen. Der Flug hatte zwei Stunden Verspätung, das hasse ich schon einmal. Dann noch mal eine Stunde, bis wir in der Luft waren. Statt um 21 Uhr bin ich also um Mitternacht gelandet, meine Laune im Keller, ich hatte Hunger und war sauer. Und dann dachte ich, was ist das Positive an der Situation? Das Entspinnen eines inneren Dialoges inklusive:

»Was davon soll gut sein? Gar nichts daran ist gut, du Depp, schau, dass du nach Hause kommst.«

»Alles hat auch etwas Gutes.«

»Klar, natürlich. So läuft das Leben ja auch, ne? Aber bitte, glaub nur weiter diesen esoterischen Schwachsinn.«

»Also … wir hätten immerhin abstürzen können!«

»Ach so, ja, klar, wenn das also das Maß ist … dann wird das Leben ab jetzt ja ein Kinderspiel.«

»Auch wahr. Aber es hätte noch länger dauern können, erst in einer Stunde landen ...«

»Ja, Schlechtes mit noch Schlechterem aufwiegen. Genialer Plan.«

»Ich überlege ja noch.«

Tatsächlich ist während dieses inneren Disputes ein Teil der Wut verraucht und Belustigung dazugekommen. Dann stehe ich oben bei der Ausstiegstreppe und endlich wieder an der frischen Luft und sehe mich um. Das Rollfeld, der Flughafenbus, alles liegt in diesem dunstigen Licht. Gelbe, rote, weiße Lichtspiegelungen auf dem nassen Asphalt, die vielen anderen Flugzeuge im Mondlicht, der Tower, und mein Ärger ist weg.

Ich bin noch nie um Mitternacht auf dem Hamburger Flughafen gewesen. Ich werde es vermutlich nie wieder sein. Ich dachte plötzlich nicht mehr an meinen Ärger, sondern an das, was da vor mir lag.

Schon klar, dass das nicht immer funktioniert. Aber es macht schon etwas aus, manchmal zu versuchen, die positive Seite zu finden, selbst wenn es eigentlich keine geben kann. Meiner Erfahrung nach ist es so: Die schweren und furchtbaren Dinge passieren einem ohnehin, und zwar ohne dass man es in der Hand hat.

Die schönen und glücklichen Momente muss man sich selbst schaffen. Es gibt keine ausgleichende Gerechtigkeit, die sich von selbst einstellt. Es ist generell schon einmal ein Blödsinn anzunehmen, dass es etwas so Großes und Glückliches geben könnte, das den Verlust meines Vaters wiedergutmacht, aber lassen wir die Vernunft jetzt einfach einmal außen vor. Nehmen wir an, ich erwarte dafür einen Lottogewinn. Das wird nicht passieren. Ich werde auch nicht im Garten eine Kiste voll Gold finden. Es passieren nicht gleichermaßen schöne und schreckliche Dinge. Niemand hält mein Lebenskonto in der Hand und verschiebt für mich Punkte und gibt mir für einmal negativ etwas Positives. Daran glaube ich nicht.

Wenn es einer in der Hand hat, dann wohl am ehesten ich. Leider kann ich nicht alle negativen Dinge beeinflussen. Aber vielleicht durch meine Sichtweise einen Teil der positiven.

Himmel und Erde

Der letzte Feind, der vernichtet wird, ist der Tod.

Erster Brief des Paulus an die Korinther

Der Tod ist nicht mein Freund.« Das sagt Michael Bünker, als ich ihn an einem Montagnachmittag in Wien treffe. Blick auf das Rathaus. Gegenüber das Burgtheater, vereinzelte Schneehaufen, Menschen mit Mützen und Schals. Kaffee für mich, grüner Tee für ihn. »Rein biologisch ist der Tod Bestandteil des Lebens und notwendig, damit das Leben weitergeht. Der Tod dient dem Leben.« Er macht eine Pause. »Und ich halte nichts davon, ihn schönzureden.« Michael Bünker ist Bischof der Evangelischen Kirche in Österreich und damit auch mein Bischof, ich bin nämlich evangelisch. Er hat mich getraut, und wenn ich kirchliche Fragen habe, bei denen ich nicht weiterkomme, dann frage ich ihn, nicht nur wegen der Religion, sondern weil er klug und reflektiert und niemals abwertend ist.

Bünker ist der Sohn eines Pfarrers und der Enkel und Urenkel eines Pfarrers. Er ist mit dem Tod früh in Berührung gekommen, und das nicht nur, weil sein Opa bereits starb, als er zwölf Jahre alt war. »Er ist zu Hause gestorben, ich stand noch bei seinem Bett und konnte mich verabschieden. Das hat mich sehr bewegt. Es war traurig, aber es war nicht zum Fürchten.« Früh geht er mit seinem Vater zu Sterbenden und Kranken, der Tod wird zu etwas Allgegenwärtigem. Jahre später begleitet er seinen todkranken Bruder in den letzten Wochen vor dessen Tod, eine »intensive und prägende Zeit«, wie er sagt.

Hat er Angst vor dem Tod? »Ja, manchmal schon. Manchmal nicht. Ob es die Angst vor dem Tod ist, weiß ich nicht, ich unterscheide zwischen Sterben und Tod. Das Sterben macht mir mehr Sorgen.«

Hilft ihm sein Glaube gegen die Angst? Langes Schweigen. »Wenn ich davon ausgehen darf, dass mein Leben nicht nur Zufall ist, sondern dass ich gewollt bin und dadurch mein Leben lang auch begleitet werde …« Bünker macht eine Pause. Er sieht mich an. »Warum sollte ich nicht sagen können: Ich werde erwartet. Wenn meine Existenz gewollt ist, hat sie auch einen Sinn, und dieser Sinn ist stärker als der Tod. Oder wird durch den Tod nicht in Frage gestellt. Er überdauert ihn. Also würde ich sagen: Ja, dieser Glaube ist nicht verrückt und irrsinnig. Die Vorstellung, gewisse Menschen wiederzusehen, ist mir nicht unsympathisch. Sie gibt mir manchmal Trost.«

Wer über den Tod nachdenkt, wird an einem Punkt immer auf die Kirche kommen. Tod und Religion sind in unserer Gesellschaft untrennbar miteinander verbunden. Wer unter anderen lebt, für den wird der Tod dieser anderen zu einer unentrinnbaren Wirklichkeit. Und damit auch zu etwas, das durch feste Rituale geregelt gehört. Es gibt den Hinterbliebenen Trost und Halt, die mit dem Verlust eines geliebten Menschen und mit ihrer eigenen Sterblichkeit konfrontiert werden. Und es soll Antwort geben auf die Frage, die bei jedem Tod ein wenig mitschwingt, nämlich: Was passiert nach dem Tod?

Also, was glauben Menschen in Europa?

Vor allem glauben sie immer weniger an die Kirchen. Die Mitgliedszahlen der christlichen Kirchen sind rückläufig, die von christlichen Beerdigungen ebenso. Ich starte eine Umfrage auf Twitter, was kommt nach dem Tod? Die absolut nicht repräsentative Antwort: Mit enormem Abstand glauben die meisten Menschen offenbar an das Nichts. Viel weniger glauben an die christliche Vorstellung von Himmel und Hölle und noch weniger an eine Wiedergeburt.

Einer schreibt: »Wo war der Mensch vor der Geburt?«

Ja, wo? »Im Bauch«, antwortet ein anderer.

Es gibt eine gern erzählte Parabel des niederländischen Priesters Henri J. M. Nouwen über Zwillinge, die sich im Mutterbauch darüber unterhalten, was nach der Geburt kommen kann. Da noch nie einer von draußen wieder zurückgekommen ist, können sie es nicht wissen, stellen sie fest. Und wie werden sie sich ernähren ohne Nabelschnur? Wie herumlaufen? Gibt es eine Mutter, die sie dann sehen werden?

Bei den meisten Religionen hat die Lebensführung im Diesseits Auswirkungen auf das Jenseits. Der Tod erstreckt sich in das Leben. Religionen sagen: Lebe so, dass du nach deinem Tod möglichst komfortabel weiterleben kannst. Das betrifft nicht nur meine Beziehungen, meine Taten und Handlungen, sondern auch meine Gefühle, Wünsche, Bedürfnisse. Religionen glauben daran, dass jener, der über Himmel oder Hölle entscheidet, alles sieht und alles weiß. Nichts bleibt vor ihm verborgen. Die Angst vor dem Tod bestimmt also bereits im Leben unsere Schritte. Und gibt das Gefühl, der Tod könne statt einem unerfindlichen Nichts eher ein beherrschbares Etwas sein. Wenn ich mich an diese und jene Regeln halte, sagt mir meine Religion, was ich nach dem Tod zu erwarten habe. Gleichzeitig gibt das der jeweiligen Religion eine unglaubliche Macht über alle, die an sie und ihre Jenseitsvorstellungen glauben.

»Es kann schon sein, dass unser Ideal vom abgeschlossenen runden Leben nicht Realität ist«, sagt Michael Bünker. »Dass das Leben ein Fragment ist. Ein deutscher Theologe hat gefragt, woran sieht man, dass das Leben ein Fragment ist? Man sieht es daran, dass es unerfüllte Träume gibt – das ist der Vergangenheitsaspekt – und dass es uneingelöste Sehnsüchte gibt – das ist der Zukunftsaspekt. Dieses Fragment in diesem Leben zu einem Ganzen zu führen, schaffen wir nicht.«

Müssen wir auch nicht schaffen. Denn allein die Idee, in dieses Leben alles packen zu müssen, erzeuge einen unglaublichen Druck.

In dem Kapitel »Die Zeit eines Lebens« beschäftige ich mich damit, wie dichter die Zeit wird, wenn man älter wird, ja, wie sie zu verfliegen scheint. Es ist ein interessanter Punkt, den Soziologen und Philosophen manchmal anführen, nämlich, dass der Bedeutungsverlust der Religionen dazu beiträgt.

Immer weniger Menschen glauben an ein Jenseits oder die Wiedergeburt, und das heißt auch, dass alles in diese etwa siebzig bis achtzig Jahre gepackt werden muss. Dinge in einem nächsten Leben anders oder etwas ganz anderes machen zu können ist keine Option mehr, und das heißt, dass dieses Leben einerseits kostbarer wird, auf der anderen Seite aber auch alles darin untergebracht und erledigt werden muss. Der Soziologe Hartmut Rosa hat gesagt: »Beschleunigung wird zum Ewigkeitsersatz.« Habe ich kein Leben B, muss ich alles in diesem Leben A machen, und je schneller ich bin, desto mehr kann ich machen.

Die Entschleunigung beginnt dann meistens wieder ab dem Rentenalter, weil mehr Zeit bleibt, die nicht mehr einem eng getakteten Büroalltag unterworfen ist. Und je älter Menschen werden, desto eher glauben sie an irgendetwas. Daran, dass da nach dem Tod vielleicht doch etwas ist. Nur an die tatsächliche Wiederauferstehung, wie sie in der Bibel steht, glaubt hingegen kaum jemand, sagt Bünker.

Habe ich das Gefühl, ich muss alles in dieses Leben packen, weil ich nicht an das Jenseits glaube? Ich fliege zu einem Seminar nach Stuttgart, und während ich im Flugzeug sitze, denke ich darüber nach. Ich habe eigentlich kein Problem damit – und immer weniger – einmal einen Tag völlig auf den Kopf zu hauen. Freie Zeit, unbelastete Zeit, verschwendete Zeit tut gut und ist gleichzeitig wertvolle Zeit für mich. Ich habe nie ein schlechtes Gewissen, wenn ich einen Abend zu Hause bleibe und nicht ausgehe. Aber es stimmt schon, mit Anfang zwanzig hatte ich eine Vielzahl an Lebensentwürfen, Schafhirtin in Schottland, eine coole Medien-Frau in New York, lauter Dinge, die ich in diesem Leben unterkriegen wollte, und dann wurde ich dreißig.

Das Leben zehrt an einem, und alles dauert länger als erwartet und ist schwieriger als gedacht und anstrengender als erhofft, und plötzlich kriegt man Stress. Die Erfahrungen werden mehr, und man bekommt eine Vorstellung davon, wie kompliziert es ist, Dinge zu ändern, und man lässt ein Ding nach dem anderen fallen. Alleine sich umzumelden kann Tage füllen, wer will das denn jedes Jahr machen? Ich will nicht wieder auf Anfang, und ich kann es auch gar nicht, zu viel ist in diesem Leben schon passiert. Einfach neu anfangen, wie soll das gehen? Wer will das denn? Dann muss ich durch viel Mühsal ja noch mal durch.

Ich sehe aus dem Fenster, in diesem Flugzeug zwischen Himmel und Erde, zwischen Menschen und dem Nichts, zwischen meiner Welt und anderen Universen.

Zwischen Tod und Leben.

Unten das strahlende Weiß der Wolken, am Horizont diese feine Linie, darüber das durchdringende Blau des Himmels. Die klare brennende Sonne.

Ich fange an zu weinen, das passiert mir oft, wenn ich im Flugzeug bin. Ich weine sehr selten, aber hier geht das wie von selbst. Da ist das Abgeben von Kontrolle, das Gefühl, jetzt nichts mehr in der Hand zu haben und loslassen zu können. Das Befreitsein von allem Weltlichen. Irgendwann habe ich ein Interview mit dem britischen Schauspieler Colin Firth gelesen, der sagte, er weine immer, wenn er fliege, und seither nehme ich es gelassen, denn Colin Firth finde ich toll.

Wenn ich fliege, fühle ich mich wie in einer Zwischenwelt, und es ist einfach für mich zu glauben, dass in dieser Zwischenwelt etwas existiert. Ich vermute einmal, das tut es nicht, aber wen interessiert's?

Und so lautet die Frage eigentlich weniger, woran wir glauben als: Warum glauben wir?

Man muss nicht an Gott glauben, um zu glauben. Man muss nicht an ein Jenseits glauben, um zu glauben. Selbst wenn ich daran glaube, dass es nichts mehr gibt, glaube ich.

Glauben ist geistiges Vermögen. Ich kann mich in alles hineindenken, in ein Nichts nach diesem Sein, in einen gelenkten Plan von einem Gott. Ich kann glauben ohne Ende, ohne jede Begrenzung, man könnte verrückt werden von all den Gedanken, die ich glauben kann, und deshalb sucht der Mensch Begrenzungen. Er sucht Sicherheit, eine sinnhafte Antwort auf seine Glaubensmöglichkeiten, er will an etwas glauben, das er akzeptieren kann, das ihm Antwort gibt. Er sucht eine transzendente Heimat, wie es Religionspsychologen nennen. Der Mensch, der eine transzendente Heimat hat, wird mit dem Leben, mit den Herausforderungen und Aufgaben des Alltags leichter fertig.

Wer glaubt, fühlt sich wohler. Glauben steigert das subjektive Wohlbefinden, egal ob Atheist oder nicht: Der Atheist glaubt daran, dass es keinen Gott gibt. Aber daran glaubt er.

Wollen Sie wissen, wie gläubig Sie sind? Dann beantworten Sie folgende drei Fragen:

1. Ein Ball und ein Schläger kosten zusammen elf Euro. Der Schläger kostet zehn Euro mehr als der Ball. Was kostet der Ball?
2. Fünf Maschinen brauchen fünf Minuten zur Herstellung von fünf Bleistiften. Wie lange dauert es, bis 100 Maschinen 100 Bleistifte hergestellt haben?
3. In einem See gibt es Seerosen. Jeden Tag verdoppelt sich die Fläche der Seerosen. Nach 48 Tagen ist der See zur Gänze bedeckt. Wie lange hat es gedauert, bis die Hälfte des Sees mit Seerosen bedeckt war?

Diese drei Fragen stellen den erstmals 2005 beschriebenen »Cognitive Reflection Test« des Wissenschaftlers Shane Frederick von der US-Universität Yale dar. Menschen treffen Entscheidungen basierend auf zwei unterschiedlichen Gründen, auf Intuition und Reflexion. Die Intuition, quasi das Bauchgefühl, ist der einfachere, unkomplizierte und schnelle Weg, eine Entscheidung zu treffen. Fredericks Fragen zielen also darauf ab, das Gehirn in die Irre zu führen. Die richtige Antwort auf Frage 1 lautet fünfzig Cent, denn fünfzig Cent und 10,50 Euro ergeben elf Euro. Die Mehrheit der Menschen antwortet aber ein Euro – das Bauchgefühl hat das analytische Denken überstimmt. (Die richtigen Antworten auf die beiden anderen Fragen lauten übrigens fünf Minuten und 47 Tage.)

Was hat das mit dem Glauben zu tun? Je mehr Antworten Sie intuitiv gegeben haben, desto höher ist die Wahrscheinlichkeit, dass Sie gläubig sind. Das ist das Ergebnis der Forschungen der drei Wissenschaftler Amitai Shanhav, David G. Rand und Joshua D. Greene der US-Universität Harvard. Mit mehreren Studien haben sie nachgewiesen, dass dieses Ergebnis unabhängig von Alter, Geschlecht, Intelligenzquotient oder sonstigen demographischen Eigenschaften zusammenhängt.

Menschen glauben, weil sie glauben wollen.

Weil es ihnen Trost gibt oder Antworten, weil es einordnet und weil es hilft.

Und sie glauben an eine Seele, weil sie nicht wollen, dass ein Mensch nach seinem Tod einfach zum Nichts wird. Seit ich das erste Mal einen geliebten Menschen als toten Menschen gesehen habe, als lebensechte, eiskalte, fleischige Puppe, verstehe ich diese Menschen, die sagen, ohne Seele ist der Mensch nicht mehr vorhanden.

Wenn den Menschen Körper und Geist als Gesamtheit ausmacht: Wohin entschwindet der Geist nach dem Tod?

Vielleicht nirgendwohin. Vielleicht stirbt er gleichermaßen. Vielleicht aber auch nicht. Manche Menschen scheinen einem so präsent, so mächtig. Es ist schwer zu glauben, dass ein solch starker Geist einfach aufhört zu existieren und schlicht verweht.

Also glauben wir, dass da etwas sein muss. Und weil Menschen gerne institutionalisieren, gibt es Kirchen. Die glauben Ähnliches und doch Unterschiedliches. Sie unterscheiden sich in ihren Ritualen und in ihrer Vorstellung eines Gottes und des Lebens nach dem Tod.

Die katholische Kirche etwa hat ihr Zentrum auf den Gebeinen eines Toten erbaut. Der Petersdom, Mittelpunkt des Vatikans, zentrale Kirche des römisch-katholischen Glaubens, soll sich auf dem Grab von Petrus befinden, einem Apostel von Jesus Christus, dem ersten Bischof von Rom und einem Heiligen. Darüber, ob seine sterblichen Überreste tatsächlich unter dem Petersdom liegen, wird seit Jahrzehnten gestritten, doch hier zeigt sich schon, was auch ansonsten gilt: Glauben braucht kein Wissen.

In der katholischen Kirche glaubt man, dass nur diejenigen in den Himmel kommen, die ein gottgefälliges Leben geführt haben. Alle anderen schmoren in der Hölle. Die evangelische Kirche lehnt die Vorstellung eines Fegefeuers ab, das zur Reinigung von Sünden dient. Sie akzeptiert die Feuerbestattung seit den 1920er Jahren, die katholische Kirche hingegen freundet sich damit erst 1963 an.

Was sich aber vor allem verändert hat im Laufe der Jahre ist, dass der Tod aus dem Zentrum des Christentums an den Rand gerückt ist. Früher war die entscheidende Frage, geprägt von Martin Luther, ob man nach dem Tod auf einen gnädigen Gott bauen kann, also wie man der Hölle entkommt. Heute ist die Frage eher: Wie kann mir der Glaube im Leben helfen. Ein bisschen weniger »was kann ich für meinen Glauben tun« und ein bisschen mehr »was kann mein Glaube jetzt für mich tun«.

Weise

Ein Gedicht meines Vaters, geschrieben im September 1992

Der Narr sagt:
Angst, ich habe Angst vor dem Tod.

Der Narr sagt:
Das Sterben ängstet mich!

Der Narr fragt:
Wohin werde ich gehen, wenn ich sterbe?

Der Weise antwortet:
Wo warst du, bevor du geboren wurdest?

Der Sinn des Lebens

Ändere dein Leben heute.
Spiele nicht mit deiner Zukunft, handle jetzt,
zögere nicht.

Simone de Beauvoir

Der Friedhof Ohlsdorf in Hamburg ist der größte Parkfriedhof der Welt. Er misst 391 Hektar, ist somit größer als der Wannsee oder der New Yorker Central Park, also auch wenig überraschend Hamburgs größte Grünanlage. 17 Kilometer asphaltierte Straßen, zwei Buslinien mit 22 Haltestellen, 2800 Sitzbänke, 256 000 Grabstellen, 36 000 Bäume, 800 Skulpturen, 15 Teiche und zwölf Kapellen. Ich habe am Samstag nichts vor, also fahre ich hin und schlendere ein paar Stunden lang in der Sonne über den Friedhof. Er ist wirklich beeindruckend groß, verwinkelt und unglaublich ruhig. Es würde mich nicht überraschen, würden manche sterben, einfach weil sie den Weg hinaus nicht mehr finden. Versteckt die Teiche und Bäche mit Enten und Wasservögeln, die Bäume und Sträucher (450 Laub- und Nadelholzarten, lese ich später nach), man hört Vogelgezwitscher, und vereinzelt oder dann wieder nahe beieinander liegen die Gräber.

Viele Grabsteine bestehen nur aus einem einzelnen riesigen und unbehauenen Stein auf der Kopfseite, auf dem der Familienname eingraviert ist. An seinem Fuße liegen manchmal Steintafeln, auf denen Vornamen mit Geburts- und Sterbedatum stehen. Es sieht beeindruckend aus.

Ich mag Friedhöfe, weil sie Ruhe ausstrahlen, und dieser könnte nicht ruhiger sein. Der Architekt Wilhelm Cordes hat den Friedhof gestaltet, von Beginn an gedacht als parkähnliche Anlage. Die Natur sollte es den Trauernden leichter machen, über ihren Verlust hinwegzukommen.

Keine Ahnung, ob ihm das gelungen ist, aber das ziellose Umherschlendern führt dazu, dass ich, ohne mich dazu zwingen zu müssen, über die Toten und die Lebenden und über mich selbst und mein Leben nachdenken kann.

Der Friedhof mag wirken wie ein Park, er ist aber keiner. Hier ist das Reich der Toten. Es gehört den Namen und ihren Geschichten. Dem Vergangenen.

Es ist ein tiefer Wunsch von Menschen zu verstehen, was nach dem Tod passiert. In Europa erfand man unsterbliche Wesen wie Vampire oder Zombies. Der Vampir, die personifizierte Unsterblichkeit, die des Nachts herumschleicht, um Menschen zu seinesgleichen zu machen. Untote, die aus ihren Gräbern auferstehen und den lebenden Menschen heimsuchen. Vampire erleben gerade eine richtige Blütephase, ich habe das Gefühl, ich kann den Fernsehapparat nicht einschalten, ohne in eine Serie oder einen Film mit einem dieser Blutsauger zu zappen. Vielleicht liegt es daran, dass sie so universell einsetzbar sind. Teenager finden die Verwandlung faszinierend, Twens wünschen sich die Macht und das Geld und die Möglichkeiten, und ältere Generationen träumen von der Unsterblichkeit. Warum auch nicht, Vampire verkörpern so ziemlich jedes Thema, das interessant ist: Religion, den Wunsch nach Unsterblichkeit, Blut, Liebe, Sexualität und Unmoral. Besser geht es nicht.

Es gibt sie vielleicht auch einfach, damit sie uns das Unerklärliche erklären. Wenn die Kirche die Welt in Gut und Böse teilt, muss das Böse wohin, und vielleicht irrt es ja als verdammte Seele durch die Welt. Sigmund Freud hatte eine Theorie, wonach in jeder liebevollen Beziehung auch ein wenig Hass steckt. Jeder, der liebt, hasst auch. Wenn also jemand stirbt, den wir lieben, dann fühlen wir uns schuldig, und statt diese Schuld auszuhalten, projizieren wir den Hass auf die Toten. Und nun haben wir Angst davor, dass die Toten kommen und sich dafür rächen.

Ich habe da so meine Zweifel. Auf Friedhöfen fühle ich mich vor allem friedlich. Ich glaube, die Toten wollen nichts und fühlen nichts. Ich glaube nicht, dass sie über uns wachen oder etwas von unseren Problemen wissen. Das liegt auch daran, dass ich diese Vorstellung furchtbar finde. Wenn ich schon sterben muss, dann aber richtig. Nicht mehr leben, aber Teil des Lebens sein? Nein danke.

Der griechische Philosoph Epikur sagte, der Tod sei das am meisten Schrecken verursachende Übel. Die Angst vor dem Tod überwinde man nicht mit der Hoffnung darauf, dass nach dem Tod etwas ist, sondern damit, ihn als gegenstandslos zu begreifen. Der Tod ist unser Ende, nichts existiert danach. »Der Tod hat also keine Bedeutung für uns; denn solange wir da sind, ist der Tod nicht da, wenn aber der Tod da ist, dann sind wir nicht da.« Solange wir bei Bewusstsein sind, gibt es keinen Tod; ist der Tod da, sind wir nicht mehr bei Bewusstsein. Konsequent weitergedacht ist ein Leben am besten, wenn es ohne Todesbezug gedacht wird – was unmöglich ist. Denn der Tod beschränkt sich nicht auf meinen eigenen. In einer sozialen Gemeinschaft kann ich den Tod nicht ausblenden; er ist ständig präsent, er ist ständig um mich.

Ein beliebter Spruch auf Grabsteinen ist »Memento mori«: »Sei eingedenk, dass du sterben wirst.« Wer sich den Tod vor Augen hält, wird ein anderes Leben führen.

Wird er?

Kann das Bewusstsein um den eigenen Tod das Leben wertvoller machen?

Die deutschen Philosophen Martin Heidegger und Karl Jaspers sagen ja. Sie finden, gerade ich als Einzelner solle dem Gedanken an meinen Tod nicht ausweichen, im Gegenteil, ich muss mich ihm stellen. Jaspers sagt, der Tod ermöglicht nicht nur zu leben, sondern überhaupt erst zu existieren, und er meint damit, das Leben reflektiert zu führen.

Heidegger schreibt in seinem Hauptwerk »Sein und Zeit«, das Vorlaufen zum Tod ermögliche erst ein eigentliches und damit ein selbstbestimmtes und intensives Leben. Erst durch den Tod erhält der Mensch seine Wahlmöglichkeiten im Leben, erst der Tod lässt ihn seiner Vergangenheit, Gegenwart und Zukunft bewusstwerden. Und: Der Tod macht den Menschen erst zum Individuum, denn vor dem Tod kann sich keiner vertreten lassen. Eine Vorstellung, die mich schmunzeln lässt. Es wäre schon interessant, könnte man jemand anderen an seiner statt schicken.

Gleichzeitig wäre es furchtbar, man kann sich den Missbrauch förmlich vorstellen. Wäre eigentlich auch eine gute Geschichte für einen Hollywood-Blockbuster, überlege ich. Jedenfalls ist es immer mein Tod. Ich kann ihn nicht abschieben, ich kann ihn nicht abtreten, und so lässt mein Tod mich auch mein Selbst sein.

Wir sind, weil der Tod existiert.

Es heißt, würden wir ewig leben oder zweihundert oder dreihundert Jahre alt werden, wäre unser Leben möglicherweise erfüllt von endloser Langeweile. Da wäre kein Antrieb, kein Streben nach etwas. Das Ablaufen der Zeit lässt die Zeit erst bewusst sein. Ist also erst der Tod und die damit begrenzte Zeitspanne Grund dafür, dass unser Leben spannend ist?

In dem Buch »Nachtzug nach Lissabon« lässt der Autor Pascal Mercier, ein Pseudonym des Philosophen Peter Bieri, seinen Protagonisten darüber nachdenken, dass Unsterblichkeit im Grunde eine völlige Gleichgültigkeit gegenüber uns selbst und unserem Leben bedeuten würde. »Wer möchte im Ernst unsterblich sein? Wer möchte bis in alle Ewigkeit leben? Wie langweilig und schal es sein müsste zu wissen: Es spielt keine Rolle, was heute passiert, in diesem Monat, in diesem Jahr. Es kommen noch unendlich viele Tage, Monate, Jahre. Unendlich viele, buchstäblich. Würde, wenn es so wäre, noch irgendetwas zählen? Wir bräuchten nicht mehr mit der Zeit zu rechnen, könnten nichts verpassen, müssten uns nicht beeilen. Es wäre gleichgültig, ob wir etwas heute tun oder morgen, vollkommen gleichgültig (…) Es ist der Tod, der dem Augenblick seine Schönheit gibt und seinen Schrecken. Nur durch den Tod ist die Zeit eine lebendige Zeit.«

Wäre jeder Moment in meinem Leben seiner Schönheit beraubt, wenn ich nicht sterben müsste? Ich weiß es nicht. Der Mensch strebt danach, sein Leben mit Sinn zu füllen. Er braucht einen Zweck, ja, er will einen Zweck. Er teilt sich den Tag, die Woche, den Monat ein, er setzt sich Ziele, deren Erfüllung ihn befriedigt, er genießt gerne, er probiert gerne, er macht gerne Listen, nur um der Reihe nach alles abhaken zu können.

Schmeckt mir das Glas Wein nur, weil ich weiß, irgendwann bin ich tot? Schätze ich ein Gespräch mit einem Freund nur, weil ich weiß, irgendwann ist er tot? Da bin ich nicht sicher. Vielleicht lässt uns der Tod die Einzigartigkeit des Lebens spüren, aber ich zweifle daran, dass ohne ihn mein Leben gänzlich ohne Sinn ist. Ich lebe auch um des Lebens willen. Das Leben ist schön, und ich will jeden Tag mit etwas möglichst Befriedigendem und Glücklichem füllen, nicht ausschließlich, weil ich sterben muss, sondern weil es meinen Tag schöner macht.

Abgesehen davon: Menschen wissen zwar, dass sie in absehbarer Zeit sterben müssen, und leben ja trotzdem nicht so, als wüssten sie es. »Man lebt nur einmal«, oder »Am Ende meines Lebens werde ich mir wünschen, ich hätte das oder jenes getan«, all das haben die meisten Menschen schon von jemandem gehört oder selbst gesagt. Sie wissen um die Kostbarkeit ihres Lebens und leben ja trotzdem nicht so oder verändern ihr Leben immer danach, wie sie es möchten. Im Zweifel entscheiden sich Menschen für das sichere Bekannte und gegen das unsichere Unbekannte. Selbst wenn das sichere Bekannte sie nicht glücklich macht.

Im Leben kann der Mensch selbst entscheiden, im Tod aber entscheiden andere für ihn, sagt der berühmte Existentialist Jean-Paul Sartre und weiter: Der Tod erst nimmt dem Leben überhaupt seinen Sinn.

Der Tod ist das Ende der Möglichkeiten.

Der Mensch ist angehalten, seiner diesseitigen Existenz selbst einen Sinn zu verleihen, er ist »verdammt zur Freiheit«.

Für Albert Camus zählt ausschließlich das Diesseits. Der Tod macht das Leben absurd, er macht es sinnlos, und warum sollte man überhaupt handeln, wenn alles sinnlos ist? Er stellt diese Frage seinem Essay »Der Mythos des Sisyphos« voran. Der griechische Held, der den Tod besiegte, sich den Zorn der Götter zuzog und nun bis in alle Ewigkeit einen Felsblock auf einen Berg rollen muss, nur um zu sehen, wie er wieder bergab rollt, und ihn dann erneut hinaufschleppen muss.

Camus sagt, man muss das Schicksal anerkennen und trotz dieser Mühsal glücklich sein. Vielleicht ist mein Leben ein Nichts, weil der Tod es einmal auslöschen wird, vielleicht ist all mein Tun nichts wert, aber ich kann es mit Wertvollem füllen und so für mein Glück aus einer freien Entscheidung heraus kämpfen.

Ich entscheide, wie ich lebe.

Ich entscheide, womit ich mein Leben fülle. Ich entscheide, wen ich liebe. Ich entscheide, was ich in der nächsten Stunde tue. Das kann mein Leben glücklich machen – und wertvoll.

Das Leben sei nichts anderes als ein permanentes Sterben, ein stetes, unaufhaltsames Zugehen auf den Tod, ein »Sein zum Tode«, schreibt Heidegger. Wenn unser Leben Sterben ist, sollte man sich gut überlegen, wie man es verbringt.

Die Zeit drängt.

Auf einem Friedhof zu sein lässt einen das schwer spüren. Denn so sehr ich es mag hier zu schlendern, die Namen auf den Grabsteinen zu lesen und mir Geschichten zu den Menschen zu überlegen: an Friedhöfen mag ich vor allem, dass ich sie verlassen kann.

Ich lebe, ich kann wieder gehen.

Was auch immer Philosophen über den Tod geschrieben haben, es läuft fast immer auf einen Punkt hinaus: Der Weise wird sich vor dem Tod weder fürchten noch sich auf ihn freuen. Er wird den Tod nüchtern als natürlichen Schlusspunkt seines Lebens sehen und ihn in dieser intellektuellen Nüchternheit auch gelassen erwarten. Das klingt gut und noch vernünftiger. Gleichzeitig ist ein Umsetzen nicht so einfach. Klar, der Tod ist eine Tatsache, und mich deswegen verrückt zu machen ist sinnlos. Ich kann ihn aber auch schwer wegschieben, und spätestens, wenn das nächste Mal jemand stirbt, den ich liebe, wird mir nicht helfen zu sagen: Ach, mach dir nichts draus, Saskia, das ist nur der natürliche Schlusspunkt eines Lebens. Und nun weiter.

Was kann ich also tun?

Vermutlich nicht zu viel an ihn denken, den Tod gleichzeitig aber auch nicht verdrängen. Vor allem aber versuchen, ein gutes Leben zu führen.

Als ich mit diesem Buch begonnen habe, waren all meine Aufmerksamkeit und meine Angst fokussiert auf mein Ende. Ich war wie starr vor Angst im Wissen um die eigene Sterblichkeit. Da war wenig Drumherum, oder das Drumherum waren hohle Worte.

Was soll einem schon Trost geben, wenn das Unausweichliche bestehen bleibt?

Das Leben.

Die nüchterne Auseinandersetzung mag mir die Angst nicht nehmen, aber sie beruhigt mich. Sie weitet den Blick. Ich sehe viel mehr an Leben als zuvor. Das Ende mag gleich sein, der Weg dahin ist unterschiedlich. Und beeinflussbar.

Warum mir das hilft? Der Tod macht mich passiv. Der eigene, weil ich ihn nicht verhindern kann, der von anderen, weil er mich ohnmächtig zurücklässt. Mir des Lebens bewusster zu sein macht mich aktiv.

Es gibt mir meine Macht zurück.

Bestattung

*Man könnte viele Beispiele
für unsinnige Ausgaben nennen,
aber keines ist treffender als
die Errichtung einer Friedhofsmauer.
Die, die drinnen sind, können sowieso nicht hinaus,
und die, die draußen sind, wollen nicht hinein.*

Mark Twain

Der Friedhof in Hamburg sieht anders aus als jene in Wien und die wiederum anders als Friedhöfe in anderen Ländern, und ich frage mich, wie kommt das. Wie viel ist weitergegebene Kultur, wie viel ist Wertewandel und ganz generell, wie entscheiden Menschen, wo und wie sie sich beerdigen lassen? Ist es ihnen überhaupt wichtig?

Einige Zeit zuvor hatte ich eine nette E-Mail von Martin Steiner gekriegt, die ich nur überflogen habe. Er sei der Erfinder und Vermarkter einer neuartigen Urne aus Wien, schrieb er: der ersten bepflanzbaren Urne der Welt, die Nährstoffe aus Kremationsasche nutze. »Das klingt seltsam, ist aber ganz natürlich«, schrieb er weiter, und ich muss über diese »Grabpflege zu Hause« lachen, als ich die

E-Mail wieder herauskrame. Ich antworte ihm, dass mich das interessiert, und er lädt mich ein, seine Arbeit anzusehen. Steiner wohnt mit seiner Frau und ihrem Kind in Wien, und ich fahre sie besuchen. Es ist eine ausnehmend sympathische Familie, ich fühle mich sofort wohl bei ihnen, und irgendwann im Laufe des Gesprächs zeigt Steiner neben die Wohnzimmertür und sagt: »Hier liegt unser Hund begraben.«

Neben der Tür steht ein eleganter, schöner weißer Topf und darin eine üppig wachsende grüne Pflanze. Die Mineralien der Asche nähren die Pflanze, »growing memories« nennt Steiner das. Unten in die Urne kommt die Asche in eine eigene Kammer, die mit Sandstein verschlossen wird, darauf gibt man dann Erde und setzt die Pflanze ein. Durch den Sandstein sickert Wasser zur Asche, die Pflanze saugt das Wasser mit Nährstoffen wieder hinauf, die Asche aber bleibt, wo sie ist. Der Tote speist sozusagen das Wasser und dieses dann die Pflanze. In der Pflanze lebt der Tote, wenn man so will.

Sieht er das so? »Wenn ich sehe, dass ein neues Blatt wächst, oder dass sie blüht, dann freue ich mich«, sagt Steiner. Dann denke er an den Hund, und ja, das fände er schön.

Könnte er sich auch vorstellen, dass da seine Mutter drinnen wäre? Steiner überlegt kurz und sagt dann, ja, damit hätte er kein Problem. Manuela, seine Frau, sitzt auf der Couch, sie lacht und sagt, na ja, darüber müssten wir schon nachdenken. Und was wäre, wenn die Pflanze eingeht? Stirbt der Mensch dann symbolisch noch einmal? Steiner sagt, natürlich sei eine solche Urne eher kein Spontaneinkauf. Man müsse sich vorher überlegen, wie es einem damit gehen würde, wenn die Pflanze stirbt. Aber man könne die Asche ja auch jederzeit wieder hinausnehmen und zu dem anderen Grab geben.

Dem anderen Grab?

In Österreich und Deutschland herrscht Friedhofszwang oder Friedhofspflicht, wie es klassische Bestattungsunternehmen lieber nennen, aber so oder so, die Bestattung darf nur in ausgewiesenen Flächen stattfinden. Ausnahmen gibt es bei der Seebestattung und der Naturbestattung in einem Wald und außerdem kommt es seit geraumer Zeit zu Lockerungen. Im Land Bremen darf seit Januar 2015 die Asche von Verstorbenen auf Privatgrundstücken und festgelegten öffentlichen Flächen verstreut werden.

In Österreich darf ein Teil der Asche mitgenommen werden, wie groß der Teil sein darf, ist nicht näher definiert, der Großteil der Asche aber hat auf dem Friedhof zu bleiben. Man kann also einen Teil der Asche nehmen und etwa in die Urne zu Hause geben, und den größeren Teil der Asche beerdigt man auf dem Friedhof. Warum die Asche überhaupt auf dem Friedhof verbleiben muss, hat vor allem kirchliche Gründe und auch hygienische, allerdings darf man etwa die Asche von Haustieren verstreuen, wo immer man mag, und in ihrer Asche sind Menschen und Tiere gleich.

Die Asche von Lebewesen ist erstaunlich hell. Sie ist fast weiß und dabei grobkörnig, durchsetzt von Knochensplittern, es sieht in etwa so aus wie ein Pflanzengranulat. Eigentlich sieht sie sehr sauber aus. Kein Grau, kein Schmutz, keine Schmiere. Und es ist eine ganze Menge, bis zu fünf Kilo Asche kann ein erwachsener Mensch hergeben.

Immer mehr Menschen lassen sich kremieren, Tendenz steigend, und immer mehr Menschen wollen die Asche von ihren Lieben dann auch mitnehmen oder so bestatten, wie es ihnen am passendsten erscheint – und das ist eben nicht immer auf einem Friedhof.

In fast allen anderen europäischen Ländern, wie etwa der Schweiz oder den Niederlanden, ist es normal, dass nach der Feuerbestattung die Asche des Toten zu Hause aufbewahrt oder an beliebigen Orten beigesetzt oder verstreut werden darf.

Was Steiner macht, trifft also den Nerv der Zeit? Christian Rauch ist Geschäftsführer der Internationalen Gesellschaft für Zukunfts- und Trendberatung in Frankfurt, und er hat unlängst an einer Studie über den Wandel der Bestattungskultur geschrieben. Ich rufe ihn an, und er sagt, tatsächlich erleben wir einen grundlegenden Wandel. »Traditionelle Trauerrituale haben Bestand, aber sie mischen sich mit neuen Ritualen. Der grundsätzliche Umgang mit und die Gedanken zur Bestattung werden offener und freier.« Er macht eine Pause. »Die Menschen führen individuellere Leben. Sie richten sich ihr Zuhause nach ihrem persönlichen Geschmack ein und nicht nach einer Konvention, sie bauen ihre Möbel selbst oder lassen sie nach eigenen Vorgaben bauen, sie suchen Dinge, die zu ihnen passen, und sie wollen eben auch ein Lebensende, das zu ihnen passt.«

Das leuchtet mir ein. Jahrhundertelang hat die Kirche strenge Vorgaben durchgesetzt, was Beerdigungen angeht, und da die Kirche seit Jahren an Bedeutung verliert, was sich nicht nur an den sinkenden Mitgliederzahlen bemerkbar macht, verliert sie auch die Bestimmungshoheit über das Gestalten des Lebensendes. Bei etwa 80 000 Todesfällen im Jahr gab es nach letzten verfügbaren Zahlen im Jahr 2014 mit 51 000 einen historischen Tiefstand an christlichen Beerdigungen in Deutschland.

Diese Rituale verlieren sich also langsam, doch worauf legen Menschen bei Beerdigungen denn überhaupt Wert?

Die Naturnähe wird ein immer stärkeres Motiv, sagt Rauch. Da liege Steiner mit seiner Idee der bepflanzbaren Urne schon ganz richtig. Der natürliche Umgang mit der Sterblichkeit gehe verloren, der Tod wird immer weiter aus unseren Häusern, aus unseren Leben verdrängt, und zeitgleich wächst der Wunsch nach einer größeren Naturverbundenheit. Zurück zum Ursprung also.

Das finde ich interessant. Immer mehr Menschen leben in Großstädten, und immer mehr Menschen wollen auf dem Land beerdigt werden. Wenn ich mein Leben lang in einer Stadt wohne, ist es mir dann nicht egal, ob ich dort auf dem Friedhof liege? Offenbar nicht. Je urbaner im Leben, desto ursprünglicher nach dem Tod, scheint das Motto.

Das klassische Erdgrab verliert also, Krematorien werden mehr. Neue Beerdigungsformen gewinnen an Bedeutung, wie etwa anonyme Bestattungswiesen oder Gemeinschaftsgräber. Besonders im Kommen seien Baumbestattungen, sagt Rauch. Friedhöfe würden darauf bereits reagieren, indem sie einen Teil ihrer Fläche dafür bereitstellen. Tatsächlich ergibt eine kurze Internetsuche, dass viele Bestatter so etwas anbieten. Das will ich mir ansehen, und da ich gerade in Wien bin, fahre ich zum hiesigen Zentralfriedhof.

Zwei je um die 10 000 Quadratmeter große Flächen stellt die Bestattung Wien hier zur Baumbestattung zur Verfügung, mit einem vierzig bis sechzig Jahre alten Baumbestand. Vom Haupteingang geht man etwa zehn Minuten bis zu den ausgeschilderten Flächen. Es ist ruhig und ja, es ist waldig. Es wachsen etwa zweihundert Bäume, vorwiegend Ahorn und Esche, manche sind von Efeu bewachsen. 36 Bäume wurden für die Urnenbeisetzung ausgewählt. Der Baum steht dabei im Zentrum, und kreisförmig um ihn herum sind die Gräber angeordnet. In jedem Grab ist Platz für zwei der biologisch abbaubaren Urnen, die sich rascher auflösen als andere und somit die Asche schneller ins Wurzelreich des Baumes lassen. Wie schon bei Steiners Urne auch hier: ein Wiedereintritt in den Zyklus des Lebens, ein Weiterleben in einer Pflanze.

Die Gräber sind nicht beschriftet oder bestellt. Es gibt für alle Gräber einen zentralen Platz, an dem Angehörige

Blumen oder Kerzen hinstellen können und wo auch die Namen der Toten notiert sind. Keine Grabpflege, keine Grabgestaltung, keine Kosten. Auch das entspreche dem Zeitgeist, sagt Christian Rauch.

Die Menschen wollen reduzieren, sie gehen weg von opulenten Grabstätten hin zu vereinfachten, sie wollen es puristischer und gleichzeitig achtsamer. Das sorge für eine Krise der klassischen Anbieter, der Steinmetze, der Kunstgießerei, der Bestattungsunternehmen.

»Naturnah!« Oliver Wirthmann spuckt das Wort mehr aus, als er es spricht. Wirthmann ist Geschäftsführer des Kuratoriums Deutsche Bestattungskultur, und wenn jemand unter einem Trend weg von klassischer Beerdigung leidet, dann ja wohl die klassischen Bestatter. »Naturnah ist nur ein Wort. Es verheißt etwas, und mit dieser Verheißung macht man ein Geschäft«, sagt er. Es stimme schon, dass die Bestattung einem Wandel unterliege, allerdings täte sie das schon lange. Die Werte wandeln sich und die Gesellschaft und damit auch die Beerdigungen. Tatsächlich gebe es aber eine große Widersprüchlichkeit. Bestattungen bewegen sich zwischen Wunsch und Wirklichkeit, sagt er. Wenn man Leute anrufen und sie nach ihrer Wunschbestattung fragen würde, klingt für sie eine Waldbeerdigung einfach schön. In der Realität werde es dann aber oft die klassische Bestattung. Auch die steigenden Zahlen von Feuerbestattungen könne er nicht bestätigen, schließlich seien Krematorien nicht verpflichtet, Zahlen zu melden. Richtig sei, dass es den Wandel und dass es ein steigendes Bewusstsein gebe – und den Wunsch, das Lebensende individuell zu gestalten.

Rauch sagt, auch in der Trauer will man wieder mehr zur Langsamkeit und Besinnlichkeit zurück. Immer mehr Bestatter würden Räume der Stille anbieten, um den Angehörigen die Zeit zu geben, die sie brauchen, um Abschied zu nehmen.

In der Nähe meines Heimatortes im Burgenland gibt es einen Bestatter, bereits in dritter Generation. Als ich ihn besuche, erzählt er mir von Zeiten, als der Tote in der Leichenhalle aufgebahrt wurde. Fünf Tage lang musste immer einer Wache halten. Und weil der nicht allein gelassen werden konnte, gab es eine Menge Besuch. In diesen fünf Tagen kam das ganze Dorf. Es wurde jede Menge getrunken und gegessen, aber es wurde auch geredet. Wenn nebenan ein Toter liegt, dann verändert das die Gespräche.

Da geht es weniger um Kleinlichkeiten wie Zank unter Nachbarn, da geht es dann um ernste Dinge und um lustige, da lernt man einander besser kennen und hört einander besser zu, da spricht man über Erinnerungen und Vorstellungen. Darüber, wie man selber sterben möchte. Über Wünsche und über Hoffnungen. Das braucht Zeit. Gute Gespräche kann man nicht über das Knie brechen.

Es ist wichtig zu begreifen, dass wir diese Zeit brauchen, um den Tod zu verstehen. Wir schieben ihn immer weiter weg, gleichzeitig bleibt das Bedürfnis, darüber zu reden. Vor allem wenn plötzlich jemand stirbt. Wir wissen nicht, mit wem wir darüber reden sollen oder wie. Früher war es selbstverständlich, dass der Tote aufgebahrt wurde, heute ist es selbstverständlich, dass er nach drei Tagen unter der Erde liegt. Wann ist dieser Wechsel passiert?

Seit wann haben wir es so eilig, den Tod aus unserem Leben zu nehmen?

Und warum?

Berühmte letzte Sätze

Das ist leicht, das habe ich vorher nicht gewusst.
Werner Heisenberg, deutscher Physiker und Nobelpreisträger

Ich bin daran, einen Sprung ins Finstere zu tun!
Thomas Hobbes, englischer Philosoph

Der norwegische Dichter Henrik Ibsen hörte, wie seine Frau und eine Pflegerin flüsterten, dem Kranken gehe es jetzt schon viel besser. Er entgegnete:
Im Gegenteil, ganz im Gegenteil – und starb.

Der verarmte irische Autor und Dichter Oscar Wilde bestellte Champagner auf Pump. Nach seinem letzten Schluck sagte er:
Ich sterbe, wie ich gelebt habe – über meine Verhältnisse.

Gott wird mir verzeihen – das ist sein Metier.
Heinrich Heine, deutscher Schriftsteller

Ich bin gescheitert!
Jean-Paul Sartre, französischer Philosoph

Ich habe Gott und die Menschheit beleidigt, denn meine Werke haben nicht die Qualität erreicht, die sie hätten haben sollen.
Leonardo da Vinci, italienischer Maler und Bildhauer

Sehen Sie, so stirbt man also.
Coco Chanel, französische Modedesignerin und Unternehmerin

Es ist alles so langweilig.
Winston Churchill, zweimaliger britischer Premierminister und Politiker

Der Typ muss anhalten. Er wird uns schon sehen.
James Dean, US-amerikanischer Schauspieler, starb bei einem Verkehrsunfall

Nichts als den Tod.
Die britische Schriftstellerin Jane Austen zu ihrer Schwester Cassandra, die fragte, ob sie sich noch etwas wünsche.

Das ist das Ende. Für mich der Beginn des Lebens.
Dietrich Bonhoeffer, lutherischer Theologe

Ich wäre jämmerlich, wenn ich nicht sterben wollte. Dein Reich komme, Dein Wille geschehe.
John Donne, englischer Schriftsteller und Dichter

Pfui Teufel!
Karl Kraus, österreichischer Schriftsteller

Ich habe nicht die Hälfte von dem erzählt, was ich gesehen habe,
weil keiner mir geglaubt hätte.
Marco Polo, venezianischer Händler und Reisender

Die Malerei muss erst noch erfunden werden!
Pablo Picasso, spanischer Maler

Es lebe die Freiheit.
Hans Scholl, deutscher Widerstandskämpfer gegen den
Nationalsozialismus, vor seiner Hinrichtung

Wir wollten alles, und wir haben es bekommen, nicht wahr?
Marlene Dietrich, deutsche Schauspielerin

Das einsame Sterben

Du zählst, weil du du bist.
Und du wirst bis zum letzten Atemzug
deines Lebens eine Bedeutung haben.

Dame Cicley Saunders

Der Tod war ursprünglich privat. Er fand im eigenen Bett statt, im eigenen Zuhause, bei den Menschen, die man liebte. War absehbar, dass ein Mensch bald sterben würde, stellte sich eine Flut an Menschen ein, die Abschied nahmen. Die Familie adaptierte ihren Tagesablauf, dennoch war es immer noch ihr Tagesablauf. Kinder wuchsen auf, gewahr, dass im Nebenraum die Oma gerade stirbt und dass dieser Tod ein Teil des Lebens sei. Der Prozess des Sterbens wurde mitverfolgt. Der Tod war präsent.

Starb der Mensch, stoppte das Alltagsleben. Die Uhren im Haus wurden angehalten, Fenster, Spiegel und Bilder verhängt, Kerzen angezündet. Der Tote wurde gewaschen, angezogen, frisiert. Die Aufbahrung fand am selben Ort, an dem der Mensch gestorben war, statt. Der Kontakt mit dem Toten war frei von Berührungsangst.

1770 veränderte ein Erlass der österreichischen Kaiserin Maria Theresia den Umgang mit Sterbenden und Toten grundlegend. Sie ordnete die Totenbeschau an, ab da mussten alle Toten von ausgebildeten Ärzten angesehen werden. Das hatte gute Gründe, da ging es um Hygiene, um Medizin, auch darum, den Menschen die Angst zu nehmen, irrtümlich für tot erklärt zu werden – aber die Auswirkungen waren nachhaltig und weitgreifend. Der Tod wurde öffentlich und ab da immer öffentlicher. Der Ort des Sterbens wurde aus der Familie, aus dem privaten Bereich in einen öffentlichen verlagert. Wenn wir uns also fragen, warum Menschen mit dem Tod schwer umgehen können, warum der Tod von der Gesellschaft an den Rand gedrängt wird, dann liegt die Antwort auch ein bisschen hier: weil der Tod genau dort stattfindet. Am Rand.

Verstehen Sie mich nicht falsch: Die moderne Medizin ist ein Segen. Ich habe eine Neigung zum Hypochonder, ich bin alle paar Monate beim Arzt, kein Vorsorgetermin, den ich je auslassen werde. Menschen können länger schmerzfrei leben und werden älter, weil die medizinische Versorgung so gut und weil die Medizin so weit ist. Dafür bin ich in meiner Angst vor dem Tod sehr dankbar.

Und doch bräuchte es bei der modernen Medizin mehr Augenmaß, als es momentan der Fall ist. Um den Tod kümmern sich heute die anderen. Die Ärzte, die Pfleger und Krankenschwestern, die Kliniken und die Forscher. Menschen werden immer effizienter, und was könnte effizienter sein, als den Tod in seinem eigenen Randbereich zu institutionalisieren. Der Preis, den wir dafür zahlen: Das Sterben verliert seine Natürlichkeit. Der Tod wird immer mehr zu einem Versagen von Medizin und Ärzten und immer weniger zu dem natürlichen Schlusspunkt am Ende eines Lebens.

Der Tod als Niederlage der Medizin.

Als wäre er ein Produkt medizinischer Fehlleistung und kein logischer Schritt. Jeder Mensch muss sterben. Dass er es tut, muss kein Versagen von Ärzten sein, doch wie er es tut, kann ein schweres Versagen der Medizin sein.

Die meisten Menschen wollen zu Hause sterben, und doch sterben die meisten Menschen in einem Krankenhaus. Momentan stirbt jeder zweite ältere Mensch in Deutschland im Krankenhaus und nur jeder fünfte Mensch bei sich zu Hause. Wenn es um das Lebensende geht, klaffen Wunsch und Wirklichkeit weit auseinander, das belegen Zahlen, die 2015 von der Bertelsmann-Stiftung in Gütersloh in einem Faktencheck Gesundheit veröffentlicht wurden, und diese Zahlen sind nicht erfreulich:

- 76 Prozent der Menschen wollen zu Hause sterben, und nur zwanzig Prozent sterben zu Hause.
- Zehn Prozent wollen im Hospiz sterben, nur drei Prozent sterben im Hospiz.
- Sechs Prozent wollen im Krankenhaus sterben, und 46 Prozent sterben in einem Krankenhaus.
- Nur zwei Prozent wollen in einem Altenheim sterben, und 31 Prozent sterben in einem Altenheim.

Kaum jemand stirbt so, wie er möchte.

Was macht das aus? Zunächst könnte man völlig nüchtern sagen: Wer stirbt, ist tot, und wer tot ist, dem kann der Weg dorthin auch egal sein. Die Antwort kann kaum falscher sein. Selbstbestimmung am Lebensende ist nicht beschränkt auf den Todeszeitpunkt. Sterben ist ein Prozess, es ist ein Teil unseres Lebens. Er sollte bewusst erlebt werden, er sollte Zeit und Raum lassen für Fragen, die sich die meisten Menschen am Lebensende stellen. Welchen Sinn hat meine letzte Lebensphase? Wie will ich mich verabschieden? Welche Werte hinterlasse ich meiner Familie?

Also ist es wichtig? Ja, das ist es. Das Sterben wird uns aus der Hand genommen, es wird diktiert von anderen Menschen und anderen Faktoren, und das ist falsch. Früher haben alte Menschen zu Hause immer weniger gegessen und getrunken, ihr Körper und seine Ansprüche haben sich geändert, andere Gedanken wurden ausgesprochen, die Welt um einen herum anders beobachtet. Irgendwann haben sie sich ins Bett gelegt und sind verstorben. Das hat sich verändert. Heute wird der Sterbende künstlich ernährt und mit Flüssigkeit und Sauerstoff versorgt, er ist in einer Umgebung, die ihm nicht vertraut ist, und umgeben von Menschen, die er nicht kennt. Der Tagesablauf wird von medizinischem Personal bestimmt, es gibt keine familiäre Intimität und kein gewohntes Umfeld. Das mag manchmal vonnöten sein, doch nicht immer.

Wenn ich einmal sterben muss, wünsche ich mir vielleicht noch ein letztes Glas Rotwein. Ein bisschen Gras. Ich will vielleicht in einem Garten sitzen und nur die Grillen um mich herum hören, ich will zum Himmel sehen und meinen Mann und meine Lieben neben mir haben.

Ich will Zeit und Raum für meine Gedanken haben, ich will Abschied nehmen, nicht nur von den Menschen um mich herum, auch von mir selbst, von meinen Erinnerungen, meinen Träumen, von meinem Leben. Ich will das nicht in einem Vierbettzimmer machen müssen, wo ich keinen Wein trinken darf, keine Sterne sehen kann und die Besuchszeiten festlegen, wann ich wen zum letzten Mal sehe.

Ich will mich nicht durch noch eine Operation quälen müssen, wenn ich nicht mag, und ich will keine Angst eingejagt bekommen, wenn ich mich weigere. Ich will sie auch nicht knapp überstehen und den Rest meiner Selbständigkeit verlieren und künstlich beatmet dahinvegetieren, wenn ich stattdessen die Zeit haben könnte, bewusst meinen Abschied von dieser Welt gestalten und bestimmen zu können.

Ich bin keine naive Realitätsverweigerin, und ich will nicht zurück in eine Zeit, in der es normal war, dass Menschen unter Schmerzen ohne Hilfe zu Hause starben. Ich will ein ausgeglicheneres Mittelmaß, als es heute der Fall ist. Ich will meine Alternativen kennen, und ich will Alternativen haben. Manchmal kann mir die Medizin das Mehr an Zeit geben, das ich will. Manchmal ist es ein Mehr an Stunden, die ich nicht will.

112

Wo ist die Grenze zwischen unnötiger Sterbeverzöge-
rung und sinnvoller Lebensverlängerung?

Eine richtige Entscheidung zu treffen ist schwer. Sie ist
auch für Ärzte schwer. Sie haben oft zu Recht Angst davor,
dass sie sich juristisch in Gefahr begeben, wenn sie etwas
unterlassen. Jemanden sterben zu lassen, ohne einzugrei-
fen, ist nicht einfach, und im Zweifel versucht man, jemanden am Leben zu erhalten, koste es, was es wolle.

Und dieses Kosten ist nicht rhetorisch gemeint: Sterben
zu verlängern ist ein lukratives Geschäft. Die medizinische
Überversorgung von Menschen am Lebensende ist ein
Milliardenmarkt. Ein Drittel der Gesundheitskosten entsteht allein im letzten Lebensjahr. Ein Drittel!

Und so bekommen Patienten teure Medikamente, die
ihnen nicht helfen. Ärzte führen Operationen durch, die
das Dahinsiechen nur verlängern. Todkranke werden beatmet, künstlich ernährt, bestrahlt, verlegt, ohne dass sich
die Lebensqualität verbessert, und es nimmt ihnen diese
wichtige letzte selbstbestimmte Zeit. Das Sterben wird von
Dingen bestimmt, die wir nicht kontrollieren können:
dem Ehrgeiz eines Arztes, dem steigenden Kostendruck in
Krankenhäusern, überflüssigen Therapien.

Was der Mensch will, was dem Menschen guttut, weicht
dahinter zurück. Selbstverständlich soll jeder Patient einen
Anspruch auf eine möglichst umfassende medizinische
Versorgung haben. Aber sie muss sinnvoll sein. Und der
Patient muss gefragt werden, er muss aufgeklärt werden.
In einer Umfrage der Deutschen Gesellschaft für Innere

113

Medizin sagten siebzig Prozent der Ärzte, dass mehrmals pro Woche überflüssige Leistungen an Patienten durchgeführt würden, und einer der Gründe dafür sei nur die Erzielung zusätzlicher Erlöse.

Die Rechnung macht Sinn: Je länger ein Patient medizinische Hilfe benötigt, je länger er an diversen Geräten angeschlossen ist, desto länger bringt er Kliniken und ihren Ärzten Geld. Ein lebender Mensch bringt mehr als ein toter und ein lebendiger, mit Medikamenten vollgestopfter und beatmeter Mensch bringt mehr als einer, der gegen seine Schmerzen vielleicht nur Morphin bekommt.

Kein Wunder, dass die Palliativmedizin wirtschaftlich gesehen uninteressant ist: Sie verbessert die Lebensqualität, reduziert aber die Gesundheitskosten. Damit ist kein Geschäft zu machen. So ist sie vielleicht sinnvoll für den Patienten, aus wirtschaftlicher Sicht gesehen ist sie es nicht.

Gian Domenico Borasio ist einer der führenden Palliativmediziner Europas. In einem Artikel der deutschen Wochenzeitung »Die Zeit« schreibt er, bis zu fünfzig Prozent aller Sterbenskranken erhielten Behandlungen wie Chemotherapie, künstliche Ernährung oder Antibiotika, die nichts bringen oder sogar schaden. Wenn es gelänge, überflüssige Therapien am Lebensende zu reduzieren, könnte die Gesundheitspolitik gleich zwei Ziele auf einmal erreichen: geringere Kosten und höhere Lebensqualität.

Lebensqualität statt Lebensverlängerung.

Die Pionierin der Palliativmedizin Cicely Saunders sagte, es gehe darum, einen Raum zu schaffen, um jedem Menschen die Möglichkeit zu geben, seinen eigenen Tod zu sterben. Und das betrifft nicht die letzten 24 Stunden im Leben eines Menschen, sondern eher die letzten 24 Monate. Es geht darum, wie der Mensch hier begleitet werden kann, um diese Zeit beschwerdefrei und lebenswert zu gestalten.

Studien zeigen, dass Patienten mit frühzeitiger Palliativbegleitung nicht nur eine bessere Lebensqualität haben, weniger oft depressiv sind und weniger aggressive Therapien am Lebensende bekommen, sondern oftmals auch ein paar Monate länger leben als Patienten, die ausschließlich eine schulmedizinische Therapie durchlaufen.

Das ist einleuchtend, wenn ich daran denke, was ich bisher gelernt habe. Manche leben besser und länger, wenn sie Ansprache haben; wenn sie Zeit bewusst wahrnehmen; wenn sie gehört werden; wenn sie in Entscheidungen eingebunden sind und Entscheidungsgewalt behalten; wenn sie nicht überrollt werden.

Ingrid Marth ist Palliativschwester. Sie begleitet Menschen seit Jahren beim Sterben. Ich habe sie vor Jahren kennengelernt, und sie ist mir in Erinnerung geblieben, weil sie so eine ruhige, kluge Art hat. Ich schreibe ihr, und sie antwortet, und wenig später sitze ich mit ihr in dem Hospiz Caritas Socialis in Wien.

Die Palliativmedizin wird als Option zu selten mitgedacht, sagt sie. Für viele Menschen ist sie gleichbedeutend mit Sterben, der Palliativmediziner als Sterbeengel. Doch schon bei der Diagnose könne man sie als Option im Hinterkopf haben, Ärzte könnten sie mitdenken und mitanbieten. Palliativmedizin kann über Monate begleiten, doch meistens kommen Menschen erst ganz am Ende dazu, weil sie Angst haben, sonst nicht zu Hause sterben zu können.

»Wir begleiten, wir verordnen nicht«, sagt Marth. Sie hätten eine 24 Stunden Rufbereitschaft, der Patient kann zu Hause sein, jederzeit anrufen, wenn er Hilfe braucht. Der positive Zugang zur Palliativmedizin gehöre ausgebaut, sagt Marth, und natürlich brauche es auch mehr Interesse von Menschen, sich damit überhaupt zu beschäftigen.

Es sei wichtig, dass der Mensch auch in seiner letzten Lebensphase als Ganzes wahrgenommen werde und die medizinische Begleitung umfassender und nicht nur auf die reine Therapie beschränkt ist. »Wir nehmen die Gesamtsituation wahr«, sagt Marth. »Das Familiensystem, die soziale und psychische Lebenssituation, das Umfeld mit Freunden, der Beruf. Manchmal reicht eine bloße medizinische Behandlung, aber manchmal ist es gut, wenn individuell besser auf den Menschen eingegangen wird. Das machen wir.«

So sind sie Ansprechpartner nicht nur für den Patienten, sondern auch für Angehörige. Denn das natürliche Sterben ist nicht nur für jene wichtig, die sterben. Dass es Zeit und Raum gibt, tut auch jenen gut, die jemanden verlieren. Wenn wir feststellen, dass es uns schwerer fällt, über den Tod zu reden, dann kann das auch daran liegen, dass der Tod nicht mehr bei uns stattfindet. Wenn wir heute jemanden verlieren, den wir lieben, passiert das fast immer im Krankenhaus oder in einem uns fremden Umfeld. Wir fragen Fachpersonal, wie es dem Menschen geht, den wir besuchen, und starren auf Krankenakten. Wir stehen unbeholfen an einem Bett und wissen nichts zu sagen, obwohl wir so viel sagen möchten. Wir wollen etwas Bedeutsames sagen, weil wir spüren, dass dieser Moment wichtig ist und es vielleicht bald keinen mehr gibt, und fühlen uns dadurch unter Druck gesetzt. Wir glauben, wir müssen reden, auch wenn uns gerade nicht danach ist.

Wir stellen Fragen, deren Antworten uns egal sind, weil uns die richtigen Fragen erst zu einem späteren Zeitpunkt einfallen. Weil wir der Medizin vertrauen, weil niemand sich nachsagen lassen will, er hätte nicht alles versucht. Weil wir zu wenig über Alternativen wissen und es zu wenige Alternativen gibt, belassen wir die Situation, selbst wenn sie uns nicht gefällt. Und dann kriegen wir einen Anruf, dass der Mensch jetzt tot ist, wir weinen, wir füllen Formulare aus, wir begraben ihn – und machen weiter. Und fühlen oft erst viel später, dass der Mensch jetzt fehlt. Ärgern uns, dass wir nicht früher gehandelt haben. Vermissen einen Abschied. Wissen noch immer nicht, was Sterben ist.

Wie sich Tod anfühlt.

Wie wir selber sterben wollen.

Das Abschieben von Sterben und Tod in einen ausschließlich medizinischen Bereich führt dazu, dass die Trauer mitverschoben wird. Trauerrituale werden kürzer – ohne dass es dafür einen Ersatz gibt. Wer heute nach zwei Monaten noch trauert, gilt als depressiv, und Depression ist ein Krankheitsbild, und schon ist die Trauer ebenfalls ein Problem, das in medizinische Verantwortung zu fallen scheint und gegen das es Tabletten gibt.

Wenn Tod und Sterben kein Teil mehr von uns sind, verlernen wir zu trauern. Das spielt nicht nur eine Rolle für mich, weil es mir als Trauerndem Zeit wegnimmt, oder für den Sterbenden, der in einem durchorganisierten Umfeld ist und sich nicht mit sich beschäftigen kann, sondern es vergrößert auch die Angst vor dem Tod.

Lebe

Ich gehe bis zur Ecke. Dann bleibe ich kurz stehen. Ich sehe mich um, es nieselt leicht, Wolken über mir, ein wenig Wind. Nicht warm, nicht kalt. Es dämmert bereits. Ich biege nach links ab, und auf einmal fange ich an zu laufen. Ich weiß nicht wieso. Ich laufe nie. Selbst im Fitnesscenter walke ich immer. Links, rechts. Ich laufe langsam. Den Kopf halte ich gesenkt, vor mir der regennasse Bordstein. Ich spüre, wie meine Beine sich bewegen. Heben, senken. Blut wird durch meinen Körper gepumpt. Die kühle Luft ist in meinem Gesicht. Ich atme schwerer. Ich laufe schneller. Ich sprinte über die Kreuzung, vorbei an zwei Müttern mit Kinderwagen. Ich laufe schneller. Vor mir liegt die Alster, nur wenige Menschen sind da. Das Wetter hat viele verscheucht. Ich biege nach rechts ab, unter mir der sandige Weg. Links die Alster, darauf sind heute keine Segelboote zu sehen, keine Paddler, keine Fähren. Sie ist völlig leer. Leichte Wellen durch den Wind. Ab und zu schaukelt eine Ente darauf. Ich laufe schneller. Rechts von mir große weiße und riesige Villen, mit Vorgärten und Bäumen und Fenstern auf die Alster. Hinter den Fenstern brennt Licht, große Kronleuchter über Tischen. Ich stelle mir die Kinder dahinter vor, die einander liebenden Menschen. Vielleicht rufen sie gerade zum Abendessen. Ich sehe nach vorne. Ich laufe schneller. Meine Beine bewegen sich wie von selbst. Ich sehe die eine Fußspitze, dann die andere. So schnell, dass es verschwimmt. In meinem Kopf pocht es. Mein Puls ist hoch, und er steigt. Ich atme schwerer. In meiner Brust wird es eng. Ich laufe schneller. Ich will nicht stehen bleiben. Regen in meinem Gesicht. Ich will nicht stehen bleiben. Heute ist mein Vater seit acht Jahren tot. Ich laufe schneller. Bis ich nicht mehr kann und zu einer großen Eiche taumle. Ich halte mich am Stamm fest und huste und keuche. Ich sehe auf die Alster. Ich bin ganz alleine. Ich lebe.

Darüber reden

Wahr sind nur die Erinnerungen, die wir mit uns tragen;
die Träume, die wir spinnen, und die Sehnsüchte,
die uns treiben. Damit wollen wir uns bescheiden.

Heinz Rühmann als Johannes Pfeiffer
in dem Film »Die Feuerzangenbowle«

Man wächst in den Tod hinein. Als mein Opa gestorben ist, das war der Erste, an dessen Tod ich mich bewusst erinnere, war ich 18. Es war am Morgen, ich war gerade aufgestanden, und meine Mama kam mir an der Küchentür entgegen. »Opa ist tot«, hat sie gesagt, und mir kamen sofort die Tränen. Ich hab geweint, natürlich, aber dieses Weinen kam völlig unkontrolliert einfach aus mir heraus. Ohne Warnsignale, ohne Schutz. Fast kindlich, noch unerfahren, einfach trauernd im Hier und Jetzt. Keine Angst vor drohenden Konsequenzen und Veränderungen, keine Sorge davor, wie sich das auf mein Leben auswirkt und ob ich damit werde umgehen können.

Der Nächste war mein Bruder, vier Jahre später. Mein Papa ruft mich an, ich bin gerade in Wien. Ich bin geschockt, ich renne in der Wohnung stundenlang auf und ab, und dann betrinke ich mich. Ich schlafe kaum, und am nächsten Morgen stehe ich früh auf und fahre mit dem Auto nach Hause. Irgendwann sitze ich bei uns in der Küche und weine ein bisschen, und meine Hände zittern. Sie hören einfach nicht damit auf.

Weitere vier Jahre später stirbt mein Vater, und da waren Tränen das Geringste. Es war so, als würde ein Teil meines Hirns in ein Dunkel getaucht, um nur den Schmerz zuzulassen, den ich im Moment verkraften kann. Bei diesem dritten Toten in meinen Leben wusste ich schon um die Veränderung, die stattfinden wird, vor allem, dass ich diese Veränderung weder steuern noch kontrollieren kann.

Ich dachte nur, ich schaffe das nicht noch einmal. Wieder verabschieden. Wieder endgültig Lebewohl sagen. Wieder weitermachen. Bei meinem Vater habe ich nicht mehr nur aus Trauer um ihn geweint. Das waren andere Tränen. Tränen der Wut, der Verzweiflung, des Trotzes, Tränen um mich und um meine Familie. In den Jahren darauf habe ich dann gar nicht mehr geweint. Ich dachte, das habe ich mir abgewöhnt.

Wieder vier Jahre später ist meine Oma gestorben, und ich habe sie sehr geliebt, aber geweint habe ich nicht. Ich war nur noch müde. Erst Jahre später habe ich angefangen, um sie zu trauern. Dazwischen habe ich keinen vermisst. Ich wollte nicht darüber nachdenken und nicht darüber reden, und gleichzeitig wollte ich nur noch darüber reden. Mittlerweile habe ich das Weinen wieder gelernt und das Vermissen auch. Und vor allem auch das Reden.

Nachdem das Buch über den Tod meines Vaters erschienen ist, bin ich damit viel unterwegs – in Deutschland, Österreich und der Schweiz. Ich rede unentwegt über den Tod und den Umgang damit. Mit Menschen, die Ähnliches erlebt haben, mit welchen, die nie etwas Derartiges erlebt haben. So viele Menschen machen sich so viele Gedanken über den Tod, und wirklich viele davon sind klug und sensibel, und doch erfährt man sie kaum, weil einfach nicht darüber geredet wird. Bei manchen Lesungen auf dem Land haben Leute Angst, dass ihr Auto draußen vom Nachbarn erkannt wird und der sich fragen könnte, was tut denn die oder der bei einer Lesung zum Thema Suizid? Bei manchen Lesungen kriegen die Veranstalter Druck von Leuten, die sagen, so einem Thema bietet man keine Plattform. Bei manchen kommen mehrere hundert Menschen, die alle froh und dankbar sind, dass es ein Gespräch zu diesem Thema gibt. Bei manchen kommen viele Therapeuten und fragen, wie soll man mit dem Thema umgehen? Oft kommen Freunde, die jemandem beistehen wollen und nicht wissen, wie.

Ich rede also über Familien, über Verluste und Hoffnung. Ich rede über Tod und Trauer, und was weiß ich nach diesen Jahren?

Jeder Mensch trägt etwas mit sich herum. Eine unüberwundene Trennung, einen Todesfall, der nicht aufhört zu schmerzen, eine Beziehung, die einem Kopfzerbrechen macht, eine Familie mit zu vielen unausgesprochenen Geheimnissen. Wir wissen oft nicht, was den anderen beschäftigt, aber ich kann mit Sicherheit sagen: Etwas ist da immer. Und meistens tut es weh. Viel zu viele Menschen tragen vieles zu lange in sich und öffnen sich nicht.

Denn: Menschen reden zu wenig. Nein, eigentlich reden sie viel, aber über das, was sie wirklich beschäftigt, reden sie zu wenig. Oft, weil sie niemanden haben. Oft haben sie jedoch auch niemanden, weil sie nicht reden. Schon klar, über seine Wünsche und Ängste ehrlich zu reden ist schwierig. Man will sich nicht zu wichtig nehmen, man findet nicht die richtigen Worte, der Zeitpunkt passt nicht, man hat Sorge, ob man verstanden wird. Aber es muss auch klar sein, dass die Menschen um uns herum uns nicht wirklich kennenlernen können, wenn wir sie nicht an uns heranlassen und an unserem Innenleben teilhaben lassen. Jeder Mensch wünscht sich jemanden, der einen wirklich kennt. Jeder Mensch braucht so jemanden. Gefühle in sich einzusperren verhindert, dass wir ein Leben so führen können, wie wir es wollen.

Denn sich zu öffnen befreit. Offenheit bringt Stärke. Sie hilft, sie animiert andere dazu, sich ebenfalls zu öffnen, und plötzlich ist man nicht mehr alleine. Die Reaktionen werden oft schöner sein, als man gedacht hat. Manche Geheimnisse hat man, weil man will. Manche hat man, weil sie einem auferlegt werden.

Man sollte sich gut überlegen, welche man warum wahrt und wann es einem hilft, über manche zu reden. Man sollte Verantwortung für die Dinge übernehmen, die man tut, und dazu gehört, dass man Dinge bewusster macht.

Das bringt mich zu: Menschen machen viel zu oft Dinge, weil sie meinen, sie könnten nicht anders. Weil es halt so ist. Dann verfliegt die Zeit, und plötzlich kommt man drauf, man hat sich um sich selbst und das, was einem wichtig ist, zu wenig gekümmert. Es fehlen Höhepunkte, Besonderheiten, Dinge, die man für sich selbst gemacht hat, ohne sich um das Morgen zu sorgen. Menschen wollen Sicherheit, sie wollen ein ruhiges Leben ohne besondere Aufreger, das verstehe ich, aber gar keine zu haben, nie nach seinem Kopf zu gehen und spontan zu sein, wird man bereuen.

Ein bisschen Unruhe im Leben schadet nicht. Es ist wichtig, sich manchmal aus seinem Trott zu lösen, daraus, was andere von mir erwarten, und im Hier und Jetzt zu tun, wonach einem ist. Dieses Leben gehört auch jedem Einzelnen, und die Zeit, die man hat, damit zu verbringen, tapfer etwas für sich zu ertragen, erscheint mir verschwendet. Es ist nicht tapfer, schweigend zu leiden, es ist mutig zu reden. Es bringt nichts, jeden Tag Dinge zu tun, die man nicht tun will, und das zu erdulden. Eines ist gewiss: Am Ende des Lebens wird einem niemand einen Preis dafür überreichen, dass man brav durchgehalten hat. Den Preis, den wir kriegen können, ist der, den wir uns selbst geben, und zwar in Form eines Lebens, in dem wir Verantwortung für unser Glück übernehmen.

Wir haben im Durchschnitt achtzig Jahre zur Verfügung. Wenn in dieser Lebensspanne kein Platz ist für Fehler und für Rückschläge, für Albernheiten und Risiken, die vielleicht ihren Aufwand schlussendlich nicht tragen –

dann weiß ich nicht, was das alles soll. Menschen sind ganz groß darin, Sinnsprüche über ein erfülltes Leben vor sich herzutragen, aber im Zweifel entscheiden sie sich dann doch lieber für die Variante, von der sie glauben, dass andere sie von ihnen erwarten – und womit andere eher zufrieden sind.

Warum ist das so?

Menschen haben so wahnsinnig viel Angst. Angst davor, sich verletzbar zu machen. Davor, was die Nachbarn über sie denken. Davor, schwach zu wirken.

In anderen Ländern ist es viel normaler als in Deutschland oder Österreich, dass Ziele verfehlt werden oder dass man in einem Job einmal versagt. Wer in den USA eine richtige Karriere hat, der hatte auch richtige Rückschläge. Das lässt einen nicht schwächer wirken, im Gegenteil: Das immer wieder Aufstehen ist, was vielen erst Respekt abringt. Wer nie um etwas zu kämpfen hatte, hat viel verpasst. Und was heißt schon versagen? Wir definieren Versagen fast ausschließlich darüber, was andere über uns sagen würden. Dabei entscheiden alleine wir, ob wir versagen oder nicht. Manchmal versagen wir, weil wir eben Fehler gemacht haben, aber daraus lässt sich lernen. Manchmal versagen wir und wissen nicht, wieso, und würden vielleicht alles noch einmal so machen.

In fast jeder Lesung werde ich gefragt, warum ich tue, was ich tue. Warum ich so öffentlich über ein so schmerzliches und schweres Thema rede. Die Antwort ist ganz einfach: Weil es wichtig ist. Weil das Thema zu mir gehört, weil die Todesfälle in mein Leben gehören. Weil manches nicht ungeschehen wird, auch wenn man sich das wünscht. Und weil manches schmerzlicher wird, wenn man nicht darüber redet und sich ihm stellt.

Manches muss man aushalten lernen.

Der Schmerz und die Trauer, wenn es um einen geliebten Menschen geht, gehören dazu. Das Aushalten, bewusst Gefühle zu erleben, bringt einen weiter.

Bewusstsein

Nimmer vergeht die Seele, vielmehr die frühere Wohnung
tauscht sie mit neuem Sitz und lebt und wirkt in diesem.
Alles wechselt, doch nichts geht unter.

Pythagoras

Mein Onkel war einmal fast tot. Er lag einen Monat lang im Koma. 1997 war das, er war 49 Jahre alt, ein paar Monate zuvor hatte er ein Brennen in der Brust gespürt und war ins Krankenhaus gefahren. Sie nahmen ihn sofort auf, drei Wochen lang machten sie diverse Tests. Das Ergebnis: Er brauchte fünf Bypässe. Während der Operation hatte er einen Herzinfarkt, er musste zweimal reanimiert werden, und dann wachte er nicht mehr auf. Die Ärzte hielten ihn vier Wochen lang im künstlichen Koma, und als sie ihn schließlich aufweckten, fragte er einige Tage später den behandelnden Arzt, wieso musstet ihr mich zurückholen?

Wann beginnt der Tod? Ist er ein Übergang in eine andere Existenz? Ist es das letzte Ereignis in einem Leben, nach dem nichts mehr kommt? Und was passiert mit Menschen, die vom Reich der Lebenden in das Reich der Toten gehen?

Mein Onkel wohnt mit meiner Tante in Niederösterreich, und ich habe die beiden länger nicht gesehen, also setze ich mich in mein Auto und fahre zu ihnen. Es gibt Kalbsroulade mit Nudeln, und anschließend beim Kaffee frage ich ihn, ob er sich noch an etwas erinnern kann, als er da im Koma lag.

Er kann. Er erinnert sich an ein Farbenspiel, so schön, wie er es zuvor noch nie gesehen hat. An Farben, die unvorstellbar sind. An Musik und Wasserfall, an Ruhe und Zufriedenheit. Aber er erinnert sich auch daran, dass er eingesperrt war, dass er um Hilfe rief und niemand kam. Dass er kämpfen musste, unendlich lange. Die Gefühle würden schwanken, sagt er und das sei nicht beeinflussbar.

Als er aufgeweckt wird, will er sich vor allem einmal mitteilen, erzählen, was ihm passiert ist. Aber er kann nicht reden. Meine Tante gibt ihm einen Block mit Stift, doch er kann nur kritzeln. Seine Hände gehorchen ihm nicht. Jede kleinste und einfachste Fingerfertigkeit hat er verloren.

»Wenn man wieder aufwacht, ist man nicht glücklich«, sagt er.

»Das Glück am Leben muss man sich erarbeiten.«

Da sind die Schmerzen, das alles neu erlernen müssen. Es dauert zwei Jahre, bis er wieder wirklich froh ist, am Leben zu sein.

Mein Onkel glaubt nicht an ein Jenseits. Aber nachdem er im Koma lag, hat er viel darüber nachgedacht. Wenn das, was er gesehen hat, das Jenseits sei, wie sei er dann? »Brauche ich einen Körper? Ist das meiner? Kriege ich einen

Ersatzkörper? Muss ich essen? Werde ich dann den ganzen Tag vor Freude jauchzen? Kann ich noch schwimmen? Was ist, wenn ich keinen Körper mehr habe? Wie sehe ich dann aus? Sieht man meine Seele? Wie sieht sie aus?« Er macht eine Pause und lacht. »Man kann eine Geschichte immer so oder so sehen. Wäre ich gläubig, würde ich das alles anders sehen.«

Es heißt, viele Menschen, die ein Nahtoderlebnis hatten, werden danach gläubig. Sie erfahren eine Reihe sehr starker Gefühle, entweder Hochgefühl, tiefe Zufriedenheit, Glück, Akzeptanz, Euphorie oder im Gegenteil Grauenhaftes und Schreckhaftes – so oder so ist es emotional intensiv.

Es gibt Erzählungen von Menschen, die etwa ihren Körper von oben sehen, keine Schmerzen und Ängste mehr spüren. Sie beobachten die Situation aus der Vogelperspektive, und können teilweise konkret von Gesprächen der Ärzte oder Kleinigkeiten im OP-Saal erzählen. Die Mehrheit von Wissenschaftlern sucht eine Erklärung von Nahtoderlebnissen in der Aktivität des Gehirns. Einer Studie mit Ratten an der Universität von Michigan nach zeigten alle neun Tiere nach einem Herzstillstand etwa dreißig Sekunden lang einen enormen Anstieg der Hirnaktivität. Es sei gewesen, »wie ein Feuer, das durchs Gehirn rast«.

Die Gehirne schienen im Tod aktiver als im Leben, auffällig synchrone Muster von Gamma-Hirnwellen zeigten das Gehirn wach und extrem stimuliert. Das würde darauf hindeuten, dass einem das sterbende Hirn noch einmal

Außergewöhnliches beschert. Es muss aber nicht sein. In jedem Fall ist es ein Erklärungsansatz.

Etwas genauer war die Studie, die Forscher der Universität Southampton 2014 präsentierten, die sogenannte AWARE-Studie (kurz für AWAreness during REsuscitation, also Bewusstsein während Reanimation). Vier Jahre lang waren 2060 Patienten mit einem Herzstillstand in 15 Krankenhäusern in Großbritannien, den USA und Österreich beobachtet worden. Und die Erkenntnisse waren gespannt erwartet worden, die Aussagekraft der Studie geriet dann aber doch recht gering. Neun Prozent schienen typische Nahtoderfahrungen gemacht zu haben, mit hellem Licht am Ende des Tunnels, Tieren und Pflanzen oder der Familie. 46 Prozent durchlebten Erinnerungen, die beängstigend waren und Angst und Gewalt beinhalteten. Nur zwei Prozent der Befragten sagten, sie hätten Ereignisse gesehen oder gehört, die mit ihrer Reanimation in Verbindung standen.

Eine zentrale Frage konnte die Studie nicht beantworten, nämlich: Dringt der menschliche Geist im Moment des Todes wirklich in Sphären vor, die nach wissenschaftlichen Erkenntnissen nicht vorhanden sind, oder gaukelt unser Gehirn uns lediglich Halluzinationen vor, die sich real anfühlen?

Mein Onkel sagt, er weiß es nicht. Er weiß nur, dass sich nichts davon angefühlt hätte wie ein Traum. »Was ich da erlebt habe, war real. Das war für mich die Realität«, sagt er.

Früher habe er nie über den Tod geredet, ja, nicht einmal darüber nachgedacht. Jetzt passiert ihm das schon manchmal. »Je öfter man ihm begegnet, desto leichter redet man darüber«, sagt er.

Nüchtern betrachtet erscheint der Tod als Gegenteil des Lebens. Wer tot ist, lebt nicht mehr, und wer lebt, kann nicht tot sein. Was also ist der Tod? Das Ende des Lebens. Wann tritt er ein? Zunächst einmal, wenn das Herz aufhört zu schlagen, wenn wir aufhören zu atmen. Der Tod verläuft in Stufen.

Wenn Herzschlag und Atmung aussetzen, kann ein Mensch wiederbelebt werden. Schlägt das fehl, versagen die anderen Organe nach und nach. Das Gehirn erleidet durch die fehlende Versorgung mit frischem Blut irreparable Schäden. Unser Hirn hat einen sehr aktiven Stoffwechsel, und es hat eine zu geringe Kapazität, um Energie längerfristig zu speichern, also darf eine Sauerstoff- und Nährstoffzufuhr nicht lange unterbrochen werden. Der Hirntod gilt im Moment in unserer Welt als der juristisch gültige Todeszeitpunkt.

Wer hirntot ist, der lebt nicht mehr.

Unser Gehirn schafft unser Bewusstsein. Es sind unsere Gefühle, Erinnerungen, Vorstellungen, unser Leben, unsere Vernunft. Unser Selbst. Unsere Wahrnehmung.

Und doch ist es nicht so einfach: Selbst wenn das Gehirn tot ist, können organische Lebensfunktionen beinahe beliebig lange aufrechterhalten werden. An die richtigen Ma-

132

schinen angeschlossen, bleibt der Mensch warm, er atmet, seine Haut ist rosig, er verdaut Nahrung, wehrt sich gegen Infektionen, zeigt Reize und kann sogar noch Babys auf die Welt bringen. Ein lebender Leichnam. Hirntote scheinen in einem Stadium zwischen Leben und Tod zu sein. Vielleicht sind sie tot, aber ihre Körper funktionieren noch.

Es ist eine große Frage seit jeher: Wenn der Mensch stirbt, stirbt das Sichtbare, sein Körper, oder auch das Unsichtbare, seine Seele? Und sterben sie zugleich?

1907 führte ein Arzt in Massachusetts, Duncan MacDougall, eine Reihe von Experimenten an Sterbenden durch, um zu beweisen, dass die Seele eines Menschen etwa drei Viertel einer Unze oder rund 21 Gramm wiegt. Er war überzeugt, dass die Seele im Gehirn Raum beanspruche.

Wenn die Seele mit dem Tod den Körper verlasse, müsse also ein Gewichtsunterschied messbar sein. Er maß den Unterschied einmal mit 21 Gramm, dann wieder mit anderen Zahlen, es ließ sich nichts beweisen, seine Theorie war Blödsinn, aber sie hat sich festgesetzt. Vielleicht auch, weil seine Theorie Stoff für Filme wurde. Der Versuch jedenfalls taugte zu nichts, aber die Idee war nicht neu.

Was passiert also mit dem Menschen zum Todeszeitpunkt? Die Vorsokratiker dürften die Ersten gewesen sein, die zwischen der sichtbaren materiellen Substanz, nämlich dem Körper, und der unsichtbaren immateriellen Substanz, der Seele, unterschieden haben. Der Philosoph Pythagoras, der im sechsten Jahrhundert vor Christus in

133

Griechenland lebte, ging davon aus, dass nur der Körper stirbt und die Seele bestehen bleibt. Er sah die ständige Wiederkehr aller Dinge in bestimmten Perioden als ein kosmisches Prinzip an. Da er daran glaubte, dass die menschliche Seele auch durchaus in einem Tier wiedergeboren werden könnte, aß er übrigens kein Fleisch. Die Gefahr, unwissentlich einen wiedergeborenen Verwandten zu essen, war ihm zu groß.

Der berühmte antike Philosoph Platon sah dem Tod mit Gelassenheit entgegen, für ihn stand der Tod nämlich für Befreiung. Der Körper war für ihn eine Art Gefängnis, woraus die Seele durch den Tod erlöst wird. Diese gelassene Haltung findet sich auch bei den antiken Stoikern wieder, die dem Tod weniger Bedeutung beimaßen, weil sie davon überzeugt waren, dass der Mensch immer wieder stirbt, um dann aufs Neue wiedergeboren zu werden. Ein ewiger Kreislauf. Stoische Ruhe. Der Glaube, dass der Lauf der Welt nicht zu verändern ist und nur das Loslassen aller Ängste, also auch der Todesfurcht, den gewünschten Seelenfrieden bringt. Davon wünschte ich mir auch ein bisschen mehr.

Bis ich so weit bin, halte ich mich an die Fakten: Wenn neben einem Herzstillstand auch ein Hirnstillstand eintritt – dann bin ich tot.

Die skurrilsten Todesfälle

Subjektiv gereiht; nach dem Darwin Award, der seit 1994 an Menschen post mortem verliehen wird, die sich versehentlich und meist durch Ungeschick oder außergewöhnliche Umstände selbst getötet haben. Und ja, der Name bezieht sich auf Charles Darwin, den Entdecker der natürlichen Auslese.

1. Der Rechtsanwalt Garry Hoy wollte einer Besuchergruppe die Stärke der Fensterscheiben in einem Wolkenkratzer demonstrieren und warf sich gegen das Glas. Leider zerbrach es, Hoy stürzte 24 Stockwerke nach unten und war sofort tot.

2. Als Ken Charles Barger aus North Carolina spät abends betrunken im Bett lag, läutete sein Telefon. Er verwechselte es mit seinem Revolver, der ebenfalls auf dem Nachttisch lag, als er »abheben« wollte, löste sich ein Schuss und traf ihn in den Kopf.

3. Shawn Motero steckte im Stau in Florida fest, als er aufs Klo musste. Er sprang aus seinem Auto und mit Schwung über die nächste Mauer – leider hatte er

übersehen, dass er auf einer Brücke war. Er fiel zwanzig Meter tief und starb.

4. Ein Rollstuhlfahrer aus Südkorea verpasste einen Aufzug, die Türen schlossen sich vor seiner Nase. Er ärgerte sich darüber dermaßen, dass er so lange die Aufzugtür rammte, bis sie sich öffnete. Der Mann fiel in den Schacht und starb.

5. Ein Australier probierte Blödsinn mit Silvesterknallern aus und schob sich einen Kracher zwischen die Pobacken. Leider stolperte er und fiel auf sein Hinterteil – unmittelbar bevor der Kracher explodierte.

6. Ein Österreicher kam betrunken nach Hause, fand seinen Schlüssel nicht und wollte stattdessen durch sein Küchenfenster in die Wohnung. Er blieb in dem kleinen Fenster über dem Waschbecken stecken, drehte versehentlich den Wasserhahn auf und ertrank in dem volllaufenden Becken. Besonders tragisch: Beim Abtransport der Leiche fand man den Schlüssel in einer seiner Hosentaschen.

7. Zwei Bauarbeiter aus London bohrten 1998 ein Loch in Beton. Leider bemerkten sie nicht, dass sie selbst im Zentrum des Lochs standen, das sie ausschnitten. Als sie fertig waren, fielen sie acht Stockwerke tief nach unten.

8. Wayne Roth aus Pennsylvania griff nach der Schlange eines Freundes und wurde von der Kobra gebissen. Statt ins Krankenhaus zu gehen, ging er in eine Bar, prahlte mit dem Biss und sagte: »Ich bin ein Mann, ich kann damit umgehen.« Das Nervengift der Kobra wirkte langsam, und innerhalb weniger Stunden war er tot.

9. Im Jahr 2000 wollte der irakische Terrorist Khay Rahanajet eine Briefbombe verschicken. Er hatte nicht genug Briefmarken draufgeklebt, also kam die Post zu ihm zurück, Khay riss den Brief auf und starb.

10. Ein College-Student wollte sich zu Halloween als Dracula verkleiden. Dazu spannte er sich eine Platte Kiefernholz auf die Brust und wollte mit einem Hammer ein Messer hineinrammen. Leider gehört Kiefernholz zu den weichen Holzarten, der Student rammte sich das Messer ins Herz. Seine letzten Worte sollen »Ich hab's wirklich getan« gewesen sein.

Warum dieses Kapitel? Nicht, um den Tod ins Lächerliche zu ziehen oder um sich über diese Menschen lustig zu machen. Sondern weil Lachen guttut und Humor und Komik eine Distanz schaffen, die einem im Schrecken vor dem Tod eine Atempause gönnt.

137

Angst

Ich habe keine Angst vor dem Tod.
Ich möchte nur nicht dabei sein, wenn's passiert.

Woody Allen

Von meinem Onkel fahre ich mit dem Auto wieder zurück nach Wien. Ich fahre mitten in den Sonnenuntergang hinein. Als ich losfahre, ist der Himmel noch weißlich-hellblau, langsam färbt er sich rosa, schließlich knallrot und orange. Es ist fast magisch, allein im stillen Auto zu sitzen, nur die Fahrgeräusche als Geräuschkulisse. Auf der rechten Seite sehe ich auf einem Hügel die Bäume wie einen schwarzen Scherenschnitt gegen den noch leicht erleuchteten Horizont. Als ich auf die Autobahn komme, ist es völlig dunkel, und ich sehe nur noch die roten Rücklichter und die weißen Lichter auf der Gegenfahrbahn.

Ich frage mich, was am Ende meiner Suche stehen soll. Wenn ich plötzlich keine Angst mehr vor dem Tod habe, wenn ich die Angst gänzlich verlieren sollte, ist das doch genauso destruktiv wie zu viel Angst. Wenn ich keine Angst mehr habe, könnte ich in diesem Moment das Lenkrad loslassen und mein Schicksal dem Verkehr überlassen, denn die Angst davor, zu sterben, wird mich nicht abhalten. Ohne Angst ist alles nichts wert. Ohne Angst ist mir egal, ob ich lebe oder sterbe. Das ist nicht wirklich das, was ich erreichen will.

Wenn ich Menschen von meinem Buch erzähle, wenn ich sie bei meinen Recherchen treffe, dann fällt ihnen eigentlich immer etwas zu dem Thema ein: Wie sie den Tod sehen oder wen sie schon verloren haben, wann sie das erste Mal mit dem Tod Erfahrungen gemacht haben oder wovor sie sich fürchten. Was mich noch nie jemand gefragt hat:

Warum willst du diese Angst verlieren?

Ist Angst vor dem Tod zu haben denn nicht die normalste Reaktion, die ein Mensch, der bei Sinnen ist, haben kann? Wenn jemand keine Angst vor dem Tod hat, achtet er das Leben denn dann überhaupt?

Angst empfinden zu können ist wichtig. Sie lässt einen achtsamer sein, und sie lässt einen in wichtig und unwichtig unterteilen. Angst ist ein guter Antreiber, schon klar. Es ist wichtig, dass wir manche Ängste aushalten lernen. Weil sie unser Leben retten, weil sie unser Leben erst lebenswert machen. Jede kleine Mulmigkeit mit Angst zu verwechseln, geht zu unserem eigenen Schaden.

Borwin Bandelow, einer der bekanntesten deutschen Angstforscher, sagt, der Verlauf unseres Lebens ist zum großen Teil durch unsere Ängste bestimmt. »Angst kann die treibende Kraft sein, die uns zu schöpferischem Handeln anregt, zu herausragenden Leistungen anstachelt und unsere Phantasie und Kreativität steuert.« Angst hält uns am Leben, und Angst lässt uns daran glauben, dass wir etwas Besonderes schaffen.

Doch zu viel Angst zu haben, kann wiederum lähmend sein. Wenn ich vor Angst nicht schlafen kann, ist es zu viel. Ab wann ist Angst ausschließlich negativ?

»Wer wegen der Angst sein Leben umstellen muss, sei es die Arbeit oder Partnerschaft betreffend; wenn man Beruhigungsmittel nimmt oder Alkohol trinkt, um die Ängste zu bekämpfen oder aufgrund der Angst eine Depression oder Suizidgedanken entwickelt« – all das sind nach Bandelow Anzeichen einer Angststörung.

Das Wort Angst hat sich aus dem althochdeutschen *angust* entwickelt. Es ist verwandt mit dem lateinischen Begriff *angustus* und steht für Enge, Bedrängnis, würgen, die Kehle zuschnüren. Das ist nachvollziehbar, finde ich.

Manchmal lässt mich der Gedanke daran, dass Menschen, die mir wichtig sind, irgendwann sterben werden, nicht einschlafen, weil es mir wortwörtlich den Hals zuschnürt. In besonders fatalistischen Momenten wünsche ich mir, dass alle, die ich liebe, schnell und jetzt sterben sollen, dann habe ich es hinter mir. Meist macht mir das dann wiederum solche Angst, dass ich sie hintereinander anrufe und mich versichere, dass es ihnen gutgeht.

Manchmal denke ich mir, vielleicht habe ich nur solche Angst davor, zu sterben, weil ich so deutlich empfunden habe, was das für die Hinterbliebenen bedeutet. Ich weiß, wie sie der Tod elend und verzweifelt zurücklässt, und ich

will sie nicht zurücklassen. Ich will mich um sie kümmern. Vielleicht habe ich vor allem ein Kontrollproblem.

Ich atme tief ein und aus. Ich lehne mich zurück, und
dann überhole ich endlich den Lkw vor mir. Schließlich
beuge ich mich vor und schalte Musik ein. Passenderweise
spielt es auf einem Oldie-Sender gerade die Beatles. *All You
Need Is Love*. Eine Eizelle. 400 Millionen Samenzellen.
Jede Samenzelle ist unterschiedlich, jede von ihnen trägt
eine andere genetische Information. Und doch bin ich es
geworden. Aus all den unzählbar vielfältigen Möglichkeiten, die Leben schaffen, bin ich es geworden. Wäre nur
eines der anderen Spermien um diese Hundertstelsekunde
schneller gewesen, wäre ich heute nicht da.

Wenn ich weniger Angst davor haben soll zu sterben,
dann muss ich langsam verstehen, dass das Leben ein be-
fristetes Geschenk ist. Mein Geschenk. Aus Zufall geboren.
Was mache ich nun damit?

Bis dass der Tod uns scheidet

Heiraten war mir immer völlig egal. Ich habe mir als Kind nicht vorgestellt, einen Traumprinzen zu finden, tatsächlich wollte ich immer lieber selbst ein Ritter sein. Als Teenager habe ich nicht davon geträumt, einmal ein Brautkleid zu tragen, und in all den Jahren, in all meinen wichtigen Beziehungen hatte ich nie ein Gespräch mit einem meiner damaligen Freunde über die Ehe. Heiraten war in meiner Welt nicht wichtig und nicht existent, bis zu jener Nacht, in der Florian mich gefragt hat, ob ich seine Frau werden will. Es war zwei Uhr früh, und wir kamen von einer Geburtstagsfeier nach Hause. Ich musste nicht überlegen, und ich hatte keinen Zweifel, ich habe ja gesagt, und seit diesem Moment bin ich völlig überzeugt von der Ehe.

Florian und ich finden recht rasch einen Termin für die kirchliche Hochzeit, mitten in einem Weingarten im Burgenland, auf einem alten Bauernhof, und wir denken uns, das mit der standesamtlichen machen wir dann halt irgendwann und irgendwo später. Zwei Monate vor dem Termin kommen wir dahinter, dass so eine kirchliche Eheschließung nicht möglich ist, wenn man nicht zuvor standesamtlich geheiratet hat, also versuche ich in Hamburg einen Termin zu kriegen und klappere alle neun Standesämter ab, die jedoch keinen einzigen Termin mehr in den kommenden Wochen frei haben. Ich erweitere den Radius um die umliegenden Orte, und auch da ist nichts zu machen. Also nehme ich eine Landkarte, tippe blind auf irgendeinen Ort, und das ist dann Dänischenhagen an der Ostsee. Die Frau am dortigen Standesamt ist sehr sympathisch, leicht amüsiert ob meiner bisherigen Versuche und sagt, kein Problem, wir haben freie Termine. Ich rufe Florian an, wir vereinbaren den Tag und sind beide glücklich. Da werden wir also heiraten! Wir laden meine Mutter und meinen Bruder ein, Florians Eltern und seine Schwester, Renate und Rainer als Trauzeugen. Wir buchen Apartments für uns und zwei Autos, mit denen wir von Hamburg an die Ostsee fahren, und dann reservieren wir noch einen Tisch für ein Essen nach der Trauung.

An einem Freitagnachmittag im August holen wir unsere Familien am Flughafen ab, sie sind gut gelaunt, wir alle freuen uns, nach eineinhalb Stunden Fahrt sind wir am Meer, wir trinken etwas und essen Pizza, bevor wir früh schlafen gehen. Am Tag unserer Hochzeit scheint die Sonne. Florian und ich umarmen uns, Renate knüpft mir einen Blumenkranz ins Haar, meine Schwiegermutter schenkt mir einen Brautstrauß aus Rosen. Als ich mit den anderen im Auto sitze, fährt Florian mit dem zweiten vor uns, und ich sehe auf das Auto und denke mir, ui, nun wirst du heiraten. Vor dir fährt der Mann, der in wenigen Minuten dein Ehemann sein wird. Es ist vermutlich nur

143

natürlich, vor wichtigen Entscheidungen Zweifel zu haben, also horche ich in mich hinein, aber ich habe keine. Ich bin mir völlig sicher. Normalerweise halte ich mir gerne eine Tür offen, wir werden geradezu überschwemmt von Möglichkeiten, wieso sich also auf eine beschränken? Wieso alle anderen Türen schließen? Ich weiß es nicht, aber vielleicht ist es in einer Welt voller Möglichkeiten manchmal am schönsten, wenn man keine anderen braucht. Wenn man sich sicher ist. Wenn man sich zu etwas bekennt. Dieses Leben ist hart, und es wird schöner, wenn man Menschen um sich hat, die einen verstehen und die einen stärken. Ein Leben ist leichter zu schaffen mit einem Mitverschwörer, und zu zweit kämpft es sich besser als alleine. Ich kenne die Statistiken, ich weiß, dass jede dritte Ehe geschieden wird. Ich glaube aber auch, wer schwere Zeiten gemeinsam durchsteht, kriegt dafür eine innigere und tiefere Bindung. Vielleicht ist Beständigkeit nicht immer einfach durchzuhalten, aber dafür, dass man einen Kameraden fürs Leben kriegt, zahlt sich das schon aus, finde ich.

Nach der Trauung stehen wir noch lange vor dem Standesamt in der Sonne, wir alle, es gibt Seifenblasen und Uhudler-Frizzante aus dem Burgenland, wir machen Fotos, und dann essen wir mit unseren Familien Fisch am Meer. Das Leben macht es mir nicht immer leicht, aber ich werde es dem Leben auch nicht leichtmachen, es mir schwerzumachen.

144

Liebe und Freundschaft

*There's unconditional love there. You hear
that phrase a lot but it's real with me and her.
She loves me in spite of everything, in spite of myself.
She has saved my life more than once. She's always been
there with her love, and it has certainly
made me forget the pain for a long time, many times.
When it gets dark and everybody's gone home
and the lights are turned off,
it's just me and her.*

Johnny Cash über June Carter

Wir ziehen wieder um. Florian hat einen neuen Job, und wir gehen zurück nach Wien. Zwei Jahre lang haben wir in Hamburg gelebt, dieser wunderschönen Stadt, und nun nach Hause nach Österreich. Ich freue mich und bin zugleich wehmütig. Diesmal will ich das mit dem Umziehen ein bisschen koordinierter machen, also beginne ich rechtzeitig, und es klappt auch alles, dennoch ist es anstrengend. Eine Freundin von mir ist Tierärztin, sie schickt mir Valium für beide Katzen, eine Stunde vor der Abfahrt kriegt jede ein kleines Bröselchen, und danach liegen sie entspannt auf dem Balkon und schnurren vor sich hin.

Wir fahren los, an einem Donnerstagmittag und vorbei an der Alster durch die Innenstadt. Ich nehme Abschied, und ich freue mich auf Wien, aber es ist auch etwas traurig. Es war nicht leicht, sich in Hamburg durchzusetzen. Ich arbeite von zu Hause aus, ich habe kein Büro und also keine Kollegen, und so ist eines der Dinge, die ich in der Stadt an der Elbe lerne: Man könnte in einer Stadt leben, ohne je wirklich Teil davon zu sein. Ich hätte zwei Jahre hier verbringen können, ohne anzukommen. Ganz und gar unbemerkt. Gut, natürlich wollte ich eine Versicherung und eine Steuernummer, der Staat hat mich also schon registriert, aber ein Brief vom Finanzamt macht noch keine gelungene soziale Interaktion aus.

Im ersten Jahr in Hamburg bin ich sehr einsam. Ich arbeite alleine, ich gehe alleine einkaufen, alleine Kaffee trinken, alleine spazieren. Meistens macht mir das nichts, ich brauche nicht übermäßig viele soziale Kontakte – aber ich brauche welche, die über jene in meiner Ehe hinausgehen, das erkenne ich.

Nach einer gewissen Zeit bemerke ich, wie ich Freundinnen, die zu zweit die Straße entlanglaufen, an manchen Tagen sehnsüchtig nachsehe. Natürlich bleiben sie nicht auf der Straße neben mir stehen und sagen, du siehst verloren aus, aber auch sympathisch, hast du Lust mit uns einen Kaffee zu trinken? Niemand macht das. Ich frage sie auch nicht. Es ist ein merkwürdiges Gefühl, in einer Stadt zu leben, in der man eigentlich jedem egal ist. Außer natürlich meinem Mann. Es gibt Abende, da würde ich gerne mit ein paar Frauen losziehen, ein paar Gläser Wein trinken, tanzen gehen, plaudern. Mir fehlen meine Freundinnen, und gleichzeitig leben die natürlich ihr Leben weiter. Freundschaften sind unglaublich wichtig, und noch nie war mir das so bewusst wie in diesen zwei Jahren. In ganz schwachen Momenten ertappe ich mich dabei, dass ich das Gespräch mit der Budni-Verkäuferin bewusst in die Länge ziehe, weil es schön ist, mal zu plaudern, ohne etwas zu besprechen. Dabei fallen mir ältere Menschen ein, die sich an der Kasse alle Zeit der Welt nehmen, während hinter ihnen andere Kunden bereits ungeduldig murren. Ich beschließe, nie wieder an einer Kasse ungeduldig zu sein, denn wer weiß, wie einsam der Mensch da vorne schon ist, und fünf Minuten zu warten bedeuten nicht die Welt.

Um in einer Stadt ohne gewachsenen Bekanntenkreis jemanden zu finden, muss man aktiv werden und sich bemühen, Geduld haben und akzeptieren, dass man nicht mit jedem gut harmoniert. Ich brauche zehn Monate, dann habe ich ein paar gute Freunde gefunden. Jene Art von Freunden, bei denen man ohne darauf zu achten, einfach losreden kann, bei denen man über seine Familie spricht, über Politik streitet, Anekdoten erzählt. Das erste Paar, mit dem Florian und ich uns treffen, sind Isa und Gerold, und ich weiß noch, dass ich nervös bin, als wir abends das Haus verlassen. Und dann wird es einer jener Abende, die man nie wieder vergessen wird, weil einfach alles passt. Schon die Begrüßung ist unkompliziert und herzlich, wir stehen herum, dann set-

147

zen wir uns, alles passiert ungezwungen. Wir bleiben bis in den Morgen und reden und trinken, lachen viel, spielen Spiele. Es wird der Beginn einer Freundschaft, die nicht hätte besser kommen können.

Die beiden werden meine ersten richtigen Freunde in Hamburg, und auf eine gewisse Art haben sie mir das Leben gerettet. Die Lebensqualität, die ich durch ihre Freundschaft gewinne, ist enorm. Und dann auch durch weitere Freundschaften, denn in den Folgemonaten spinne ich mir ein Netz an guten Leuten zusammen. Mit ihnen einen Abend oder Tag zu verbringen lässt mich im Alltag ausgeglichener und entspannter sein. Gute Freunde geben einem Schutz, sie machen einen stärker und weniger empfindlich, ja, sie machen selbstbewusster.

Das ist nicht nur meine subjektive Sicht. Studien nach sind Menschen mit guten sozialen Beziehungen zufriedener, körperlich gesünder – und sie leben länger. Psychologen der Brigham Young University in Utah haben Erkenntnisse von mehr als 300 000 Personen ausgewertet, deren Gesundheitszustand im Schnitt über acht Jahre dokumentiert worden war. Menschen mit engen Bindungen hatten eine fünfzig Prozent höhere Chance, diesen Zeitraum zu überleben. Fehlender sozialer Rückhalt kann hingegen genauso schädlich sein wie täglich fünfzehn Zigaretten zu rauchen, zu viel Alkohol zu trinken und noch schädlicher, als überhaupt keinen Sport zu treiben oder starkes Übergewicht zu haben.

Freunde machen uns stark, und sie schützen uns vor

Stress. Sie funktionieren wie eine Art Puffer zwischen uns und der Außenwelt. In für mich stressigen oder herausfordernden Situationen zu wissen, ich bin nicht alleine, sondern habe Menschen in meinem Leben, die mich verstehen, mich lieben, für mich da sind und mir helfen, macht mich stärker. Wenn ich etwa ein paar Nachrichten mit Giuli austausche, wenn wir blödeln, wie man das nur mit wirklich guten Freunden machen kann, die auch zwischen den Zeilen lesen, weil sie einen so gut kennen, dann lache ich und fühle mich sofort wohler, und wenn ich dann durch die Straßen gehe, bin ich selbstbewusster, und es geht mir besser. Und gute Freundschaften schlagen sich auch körperlich nieder: Sie stärken das Immunsystem, verbessern die Wundheilung, senken das Risiko für Herz-Kreislauf-Erkrankungen und Depression. Die Unterstützung anderer lässt Stress und Belastungen leichter wegstecken, gerade in schwierigen Situationen nehmen sie einem Last ab. Außerdem achten Menschen mehr auf ihre Gesundheit, wenn sie enge Bindungen haben.

Der Freiburger Psychologieprofessor Markus Heinrichs ließ 2011 insgesamt 194 Freiwillige vor einem Publikum samt Kamera Präsentationen halten, er setzte sie also einer Stresssituation aus. Anschließend mussten sie ohne Vorwarnung im Kopf Rechenaufgaben lösen. 79 der Probanden durften ihre beste Freundin mitbringen, die restlichen 115 mussten alleine kommen. Jene, die Unterstützung dabeihatten, waren weniger gestresst und kamen mit der Situation besser zurecht als jene, die alleine waren. Die

Forscher maßen in ihrem Speichel eine niedrigere Konzentration des Stresshormons Cortisol, und die Teilnehmer selbst berichteten über weniger Angst und Unruhe. Dabei durften die Freunde nur während der Vorbereitungsphase anwesend sein, nicht beim Test selbst. Heinrichs brachte das Testergebnis so auf den Punkt: »Zehn Minuten an meiner Seite, schützt ein Freund mich über eine Stunde lang wirksam vor Stress.«

Interessant ist allerdings ein weiterer Punkt: Die Teilnehmer waren alle männlich, die Begleitungen alle weiblich. Die Studie sagt also etwas darüber aus, wie Männer auf die Unterstützung von Frauen reagieren – und nicht umgekehrt.

Dem entgegen kann ich nur meine persönliche Lage halten, und danach ist es für mich unschätzbar wichtig, dass Florian an meiner Seite ist. Wenn ich vor manchen Lesungen besonders aufgeregt bin, hilft es mir, wenn er da ist. Zu zweit in Hamburg zu sein schweißt uns zusammen. Wenn man als Paar alleine in eine andere Stadt geht, muss sich etwas verändern. Entweder man entfernt sich voneinander, oder das Gegenteil ist der Fall. Uns macht es zu Komplizen, denn Erfahrungen zu machen, die so sonst niemand anderer teilt, die niemand anderer so verstehen kann, lässt uns noch mehr zu einem Team werden.

Florian sagt gerne, Menschen, die verheiratet sind, leben länger. Ja, er hat recht. Sie müssen halt glücklich verheiratet sein, sonst bringt es nichts, antworte ich dann. Daraufhin grinst er meistens siegessicher, und auch wenn ich das in dem Moment oftmals ungern eingestehe: Das kann er auch. Ich war noch nie so glücklich in meinem Beziehungsleben wie mit ihm.

Ich glaube, es ist unglaublich schwierig, zur richtigen Zeit den richtigen Menschen zu treffen und ihn zu erkennen, und es geht nur, wenn beide darauf vertrauen, dass es das jetzt ist. Doch so schwierig es ist, diesen Menschen zu finden, ist das Leben denn nicht nur schöner, Studien nach dauert es auch länger. Es gibt einen gerne erzählten Witz dazu, nämlich: Verheiratete Menschen leben länger? Nein, es kommt ihnen nur länger vor.

Tatsächlich erhöht das Leben ohne Partner oder der Verlust des Partners, ohne eine neue Beziehung einzugehen, das Risiko, vorzeitig zu sterben, und vermindert die Wahrscheinlichkeit, älter zu werden. Dass mein wahrscheinliches Todesdatum also nicht nur von mir und meinem Umgang mit meinem Leben abhängt, ist verstörend – und gleichzeitig logisch.

Unser gesamtes Leben wird von anderen Menschen mitgeprägt, wir leben in sozialen Gefügen, und selbstverständlich haben andere Menschen Einfluss auf uns. Meine Beziehung gibt mir Schutz. Ich habe immer einen Freund an meiner Seite, einen Berater, einen Verbündeten, einen Partner *in crime*. Es ist ein schönes Gefühl. Andererseits hatte ich schon Beziehungen, da war das gar nicht so, da war der Partner ein unberechenbarer Part meines Lebens, der mir mehr Sicherheit und Glück genommen als gegeben hat. Das hat meine Lebensspanne wahrscheinlich nicht ausgedehnt. Denn wer in einer unglücklichen Beziehung steckt, lebt angeblich wiederum kürzer als ein Single.

Doch das Unglück muss man erst einmal erkennen. Vieles wird zur Gewohnheit, und habe ich mich einmal an etwas gewöhnt, ist es nicht mehr so schlimm, schließlich fehlt mir der Vergleich dazu, wie es sein könnte. Das gekannte Unglück ist oft besser als ein unbekanntes Glück. Der Leidensdruck muss einen gewissen Grad haben, damit man tatsächlich etwas verändert und sich trennt. Und dann ist es auch nicht gerade so, dass mein perfektes Gegenstück just in dem Moment an mir vorbeiläuft, in dem ich es brauchen würde.

Den idealen Partner zu finden, der einen die meiste Zeit glücklich macht, ist unglaublich schwer – und fast nicht beeinflussbar.

Was alleinstehenden Leserinnen vielleicht ein kleiner Trost sein könnte: Eine gute Ehe oder Partnerschaft kommt vor allem dem Mann zugute. Männliche Singles achten weniger auf sich, sie essen ungesünder, trinken mehr Alkohol, rauchen mehr, machen weniger Sport, gehen seltener zum Arzt. Frauen kümmern sich dann um derlei, und das kostet wiederum Frauen Lebenskraft, das Bündnis fürs Leben nimmt ihnen wertvolle Zeit: ganze anderthalb Jahre sterben verheiratete Frauen früher als unverheiratete.

Das sagt zumindest Stefan Felder von der Universität Magdeburg, der Daten von über 100 000 verstorbenen Schweizern, Mindestalter 65, gesammelt und nach Geschlecht, Alter und Familienstand ausgewertet hat. Den Grund dafür sieht er darin, dass Männer von Natur aus zerbrechlicher wären: Sie leiden früher und häufiger an Herz- und Gefäßerkrankungen, brauchen mehr ärztliche Betreuung, und sie werden häufiger pflegebedürftig. Und gepflegt werden sie dann von ihren Frauen. Die geben Zeit, Mühe, körperliche Anstrengung, und das zehrt an der eigenen Gesundheit. Gleichzeitig ist das Zusammensein mit dem geliebten Partner aber wieder lebensverlängernd. Statistisch gesehen wäre die Reihenfolge sortiert nach Sterblichkeit wohl: Single-Mann, verheirateter Mann, verheiratete Frau, Single-Frau.

Als wir zurück in Wien sind, bin ich zunächst einmal glücklich, meine Freundinnen wieder um mich zu haben. Und doch merke ich, dass sich Freundschaften verändern. Man kennt einander, und doch muss man einander wieder neu kennenlernen. Manche Freundschaften kommen neu dazu, andere verlieren sich. Ich entscheide bewusster, wann ich wen sehe, und das hat auch damit zu tun, dass ich nun erfahren habe, wie viel Freundschaft und Kontakt ich zu anderen brauche, bevor es mir schlechtgeht. Man denkt, Freunde bleiben immer, aber so ist das nicht. In den zwei Jahren sind einige meiner Freundschaften abgerissen. Nicht im Bösen. Aber das Leben geht weiter, für beide, und wenn man sich nicht bemüht, wenn man nicht Zeit investiert, dann verliert man sich. Manche hingegen sind mir unglaublich wichtig und an solchen Freundschaften sollte man unbedingt arbeiten. Und wer sagt denn, dass gute Freundschaften nicht auch Lieben eines Lebens sein können? Einsamkeit tötet. Sie macht uns krank. Es ist wichtig, Menschen zu haben, die einen verstehen. Denen man wichtig ist und die einem wichtig sind. Dass man für einen anderen Menschen einen Wert hat. Und dass jemand einen Wert für uns hat.

Der Wert eines Lebens

Im Reiche der Zwecke hat alles entweder
einen Preis, oder eine Würde.

Immanuel Kant

Stellen Sie sich vor, Sie sitzen in einem Fußballstadion, als einer von insgesamt 10 000 Leuten. Einer von ihnen soll willkürlich gewählt und getötet werden, das Risiko liegt bei einer Chance von 1 : 10 000. Wie viel Geld wären Sie bereit dafür zu zahlen, damit nicht Sie das sind?

Wie viel wäre Ihnen Ihr Leben in diesem Moment wert?

Legten Sie sich nun auf, sagen wir, 500 Euro, fest und die anderen Personen ebenfalls, so würden 10 000 Menschen insgesamt fünf Millionen Euro dafür zahlen, dass das Todesrisiko auf null sinkt und ein statistisches Leben gerettet wird. Der Wert dieses einen statistischen Lebens beträgt somit fünf Millionen Euro.

Dieses Rechenbeispiel hat sich durchgesetzt, wenn es darum geht, den Wert eines statistischen Lebens zu berechnen, jedenfalls stolpert man häufig darüber, unabhängig von den Schwächen, die es in sich trägt.

Was bin ich wert?

Eine Frage, die für ein statistisches Leben zu beantworten ist – unmöglich aber für ein spezifisches Leben. Mir selbst bin ich vielleicht alles wert. Unendlich viel. Oder auch nicht: Wenn ich mit meinem Leben Florian retten könnte, würde ich es tun? Und wie viel mehr wert wäre mir sein Leben oder das eines guten Freundes? Wenn mein Partner in Gefahr ist, wie viele Menschen würden ihr eigenes Leben als geringer und weniger wertvoll erachten als seines? Wie ist das bei dem eigenen Kind? Wie viel ist es mir wert, wenn die Gefahr dann realer wird? Und was, wenn es nicht der Partner oder ein geliebter Mensch ist, sondern im Gegenteil eine verhasste Person? Wie viel mehr wäre mir mein Leben mit gutem Gefühl wert?

Der deutsche Philosoph der Aufklärung, Immanuel Kant, unterscheidet zwischen dem Marktpreis, dem Affektionspreis und der Würde. Der Marktpreis ist alles, was man kaufen oder verkaufen kann, es ist der reine Preis einer Sache, die zum Gebrauch dient.

Der Affektionspreis ist der Wert einer Sache plus das Gefühl, das ich damit verbinde. Kant definiert den Affektionswert als »Äquivalent für ein Ding, das einem gewissen Geschmacke gemäß ist«. Also kann eine dem Marktwert nach völlig wertlose Sache uns ungleich mehr wert sein, oder auch umgekehrt: Ein uns völlig unwichtiges und wertloses Stück bringt auf dem Markt viel Geld. Die Füllfeder meines Vaters etwa, mit der ich immer schreibe, hat sicher einen gewissen Marktwert, der Affektionspreis ist für mich aber ungleich höher, weil ich Erinnerungen und Emotionen mit dem Füller verbinde. Und auch: Ich kann meinem Mann unendlich viel wert sein, jemand anderem nicht und der Versicherung auch nicht.

Und dann ist da noch die Würde, nach Kant ein unbedingter und unvergleichbarer Wert. »Was einen Preis hat, an dessen Stelle kann auch etwas anderes als Äquivalent gesetzt werden; was dagegen über allen Preis erhaben ist, mithin kein Äquivalent verstattet, das hat eine Würde«, schreibt Kant in der »Metaphysik der Sitten«.

»Die Würde des Menschen ist unantastbar«, heißt es im ersten Artikel des Grundgesetzes der Bundesrepublik Deutschland. »Die Würde des Menschen ist zu achten und zu schützen«, schreibt die Schweizer Bundesverfassung in Artikel 7 vor, und in Artikel 7 der österreichischen Verfassung steht, etwas schwammiger: »Alle Staatsbürger sind vor dem Gesetz gleich.«

Der individuelle Wert eines Menschen lässt sich nicht berechnen. Was aber durchaus berechnet wird, das ist der durchschnittliche, der statistische Wert eines Menschen.

Was macht den Wert des Menschen aus? Arbeitsfähigkeit? Je gesünder seine Organe sind? Je jünger er ist? Was ist mit Menschen, die in der Todeszelle sitzen, welchen Wert haben sie? Es scheint kompliziert, den Wert eines Menschen zu beziffern oder auch nur einen Katalog an Kriterien zu erarbeiten, um es zu versuchen, und dennoch ist es relevant, und es wird getan.

Warum ist es relevant? Zum Beispiel für jede Form einer

öffentlichen Ausgabe durch den Staat. Wenn möglich, stellen Staaten vor Einführung eines Programmes eine Kosten-Nutzen-Rechnung auf. Würde der Staat den Wert eines Menschenlebens auf unbezahlbar schätzen, müsste er theoretisch auch unendlich viel Geld dafür ausgeben, seine Sicherheit zu gewährleisten. Das ist nicht machbar und nicht praktikabel. Also wägen Unternehmen und Staaten ab, wie viel ihnen das Leben von Menschen wert ist. Ein Beispiel: Wenn den Bürgern wie oben ein statistisches Leben fünf Millionen Euro wert ist, würde an einer befahrenen Straße eine Ampel mit demselben Wert gerechtfertigt sein, um Leben zu retten. Eine Ampel, die um die sechs Millionen Euro kostet, wäre demzufolge zu teuer, also eine Rechnung, die für die Straßenplanung nicht aufgehen würde.

Oder ein anderes Beispiel: Bei begrenzten Ressourcen muss der Aufwand für den Gesundheitsbereich in einem akzeptablen Verhältnis zu den Kosten stehen. Das zu bemessen versucht etwa QALY, die Maßeinheit für ein »Quality Adjusted Life Year«, also ein »qualitätskorrigiertes Lebensjahr« oder vereinfacht: der Versuch, Lebensqualität zu messen und mit der Lebenszeit zu verrechnen. Der Tod hat den Wert null, ein Leben bei vollkommener Gesundheit den Wert eins. Davon werden dann Abstriche gemacht, je nach gesundheitlicher Einschränkung, so hat etwa Blindheit den Wert 0,4. Ärzte berechnen so die Auswirkungen der Behandlungskosten auf die Lebensqualität.

Ein Dilemma. Für die statistische Zahl mag es Sinn ergeben, für mich als Patienten nicht. Es ist der Unterschied zwischen Statistik und Einzelfall, der bleibt. Das konkrete Menschenleben kann nicht aufgewogen werden, der Staat hingegen muss Berechnungen anstellen und zu vermeidende Todesfälle zu den Kosten ins Verhältnis setzen.

Und doch gibt es Situationen, bei denen es eine monetäre Obergrenze für Menschen, die sich in einer Notsituation befinden, schlicht nicht gibt. Als im Jahr 2010 in Chile in dem Kupfer- und Goldbergwerk in San José 33 Menschen verschüttet wurden, wurde um deren Rettung 69 Tage lang gekämpft. Rein wirtschaftlich betrachtet, hätten die entstandenen Kosten den statistischen Wert der geretteten Menschen weit überschritten. Ethisch und moralisch betrachtet, durfte die Geldfrage nicht über der Frage nach Hilfe stehen.

Manche Branchen hingegen rechnen zynisch und entgegen Menschenleben: Die Ford Motor Company ging in den 1970er Jahren für ihre Kosten-Nutzen-Rechnung bewusst und sprichwörtlich über Leichen. Beim preisgünstigen Serienmodell Pinto stellten Techniker ein erhöhtes Sicherheitsrisiko fest. Eine Analyse ergab jedoch, dass es das Unternehmen billiger kommen würde, für die errechneten Todesfälle Entschädigung zu zahlen, als alle Autos nochmals umzubauen. Die Geschäftsführung entschied sich gegen die verbesserte Variante des Modells, und vier Jahre später gab es zwanzig Millionen verkaufte Pintos und 9000 damit tödlich verunglückte Menschen. Das rechnete sich für das Unternehmen jedoch nur kurzfristig, langfristig war der Ruf nach Bekanntwerden des Skandals so nach-

159

haltig beschädigt, dass das Unternehmen vor dem Konkurs stand.

Ähnliches passierte bei General Motors, als 2014 bekannt wurde, dass ein Defekt in der Zündschaltung zu einem plötzlichen Versagen von Motor und Elektronik während der Fahrt führen konnte. Dem Unternehmen wurde vorgeworfen, dass es jahrelang versäumt hatte, den Defekt offenzulegen, da ihn die Entschädigungszahlungen billiger kamen, als Millionen von Autos zurückzurufen. Erst viel zu spät und nach hundert Menschen, die tödlich verunglückt waren, kam es zu einer Rückrufaktion und einem milliardenschweren Vergleich.

Der Wert eines Lebens kann also berechnet werden, es passiert, und ich frage mich, wer berechnet das. Wer danach sucht, stößt recht bald auf Hannes Spengler. Spengler ist Professor für Quantitative Methoden an der Wirtschaftshochschule in Mainz, und er hat vor vielen Jahren einmal den Wert eines beschäftigten deutschen Mannes berechnet (auf 1,72 Millionen Euro), den einer Frau (auf 1,43 Millionen) und den eines Arbeiters (1,22 Millionen). Ist das noch gültig? Ich schreibe ihm eine E-Mail, er beantwortet sie sehr freundlich und schickt mir einen Text über ebenjene Berechnungen, die er und seine Kollegen so anstellen.

Es gibt momentan drei populäre Modelle, wonach sich der Wert eines statistischen Lebens über die Zahlungsbereitschaft herleiten lässt: Etwas ist so viel wert, wie man bereit ist, dafür zu bezahlen. Ermittelt wird der Wert durch

Risikoanalysen, also mit Fragen nach statistisch geringen Risiken.

Befragungsansatz: Funktioniert so wie bei dem Rechenbeispiel zu Beginn des Kapitels rund um das Fußballstadion. Eine gewisse Menge an Menschen muss sich im Fall einer Risikosituation dafür entscheiden, wie viel ihnen ihr Leben in diesem Moment wert wäre. Diese Methode ist nicht unumstritten; kritisiert wird etwa, dass man sich so etwas nie wirklich vorstellen kann, die Zahlen also realitätsfern scheinen. Von Vorteil ist, dass das Beispiel leicht für unterschiedliche Bereiche adaptiert werden kann, egal ob in der Medizin oder im Verkehrsbereich.

Begründet hat diese Rechnung der amerikanische Ökonom Kip Viscusi mit seiner »Value of statistical Life«-Methode. Er errechnet den »Wert des statistischen Lebens«, indem Gruppen von Menschen befragt werden, was sie bereit wären im Falle eines Risikos für ihr Leben zu bezahlen.

Studien des Konsumentenverhaltens: Wie viel Geld würde ich ausgeben, mir Dinge zu kaufen, die mein Leben wahrscheinlich verlängern? Geben 10 000 Fahrradfahrer pro Jahr durchschnittlich hundert Euro für Sicherheitsmaßnahmen wie Helme, Protektoren etc. aus und erwarten dafür, dass ihr Risiko, beim Fahrradfahren getötet zu werden, auf eins zu 10 000 sinkt, bemessen also jene Radfahrer ihr eigenes Leben mit einer Million Euro (10 000 mal hundert Euro macht eine Million). Ich gebe fast gar kein Geld dafür aus, mein Leben sicherer zu machen, und das liegt daran, dass ich schlicht kein Geld dafür habe. Schon verzerre ich die Statistik. Die Frage danach, was mir mein Leben wert ist, hängt auch davon ab, wie viel es mir wert sein kann. Würde das sicherste Auto der Welt zwei Millionen kosten und das unsicherste zweitausend Euro, ich würde mich am unsicheren unteren Ende bewegen. Nicht, weil mir mein Leben nicht mehr wert ist, sondern weil es eine Frage der Möglichkeiten ist.

Kompensatorische Lohndifferentiale: Alleine dieser Überbegriff lässt mich nicht gerne weiterlesen, aber offenbar ist diese Methode jene, die in der Forschung am häufigsten angewendet wird. Sie lautet: Zwei Jobs, die ansonsten gleich sind, unterscheiden sich durch ein Sicherheitsrisiko; die Wahrscheinlichkeit, bei einem der Jobs getötet zu werden, liegt im Vergleich zum anderen bei 1 zu 10 000.

Verlangt nun der Arbeiter des gefährlicheren Jobs eine Zulage von zweihundert Euro, verlangen 10 000 Arbeiter eine Zulage von zwei Millionen Euro dafür, dass sie einen zusätzlichen statistischen Todesfall pro Jahr akzeptieren. Das ist interessant, und nun möchte ich wissen, welche Berufe in Deutschland die gefährlichsten sind.

Spengler, immer noch freundlich, schickt mir eine Liste. Es sind die zehn gefährlichsten sozialversicherungspflichtigen Berufe in Deutschland, berechnet nach ihrer mittleren jährlichen Todesrate im Zeitraum von 1985 bis 1995. Oder anders: Im Durchschnitt der Jahre 1985 bis 1995 sind acht von 10 000 Gerüstbauern innerhalb eines Jahres in Ausübung ihres Berufes verstorben.

1.	Gerüstbauer	0,798
2.	Binnenschiffer	0,714
3.	Decksleute (Schifffahrt)	0,681
4.	Nautiker	0,513
5.	Dachdecker	0,418
6.	Bergleute	0,361
7.	Maschinen-, Elektro-, Schießhauer	0,331
8.	Luftverkehrsberufe	0,290
9.	Sprengmeister	0,277
10.	Erdbewegungsmaschinenführer	0,267

Als die am verlässlichsten erachtete Schätzung sieht Spengler heute einen Wert von zwei Millionen Euro für ein statistisches Leben. Dieser Wert könnte nun in Kosten-Nutzen-Analysen zur Bewertung von Maßnahmen zur Reduktion von Todesrisiken eingesetzt werden.

Wird es in Deutschland aber nicht. Hier wird zur Bewertung des Lebens nämlich der sogenannte Humankapitalansatz genutzt. Er berechnet, was der Gesellschaft durch den Tod an Wertschöpfung entgeht – vereinfacht gesagt also der bis zum Ende des Arbeitslebens gezahlte Lohn. Er berücksichtigt nicht darüber hinausgehende Kosten wie Schmerzen oder Leid, psychische Beeinträchtigungen oder den psychischen Schmerz der Hinterbliebenen.

Berechnungen, die in den USA ganz anders durchgeführt werden, und wenn diese Berechnungen ein Gesicht hätten, dann wäre es jenes des Anwalts Kenneth Feinberg.

Feinberg ist Spezialist für Tragödien mit außergewöhnlich vielen Geschädigten und damit auch Spezialist für das Schätzen des Wertes eines statistischen Menschenlebens.

Regierungen und Konzerne bitten ihn, entstandenes Leid in Dollar umzurechnen, und Opfer oder Hinterbliebene entsprechend zu entschädigen – er verwaltete die Opferfonds nach den tödlichen Amokläufen an der Grundschule in Newtown, Connecticut, und dem Polytechnischen Institut in Blacksburg, Virginia. Er entschädigte die Opfer des Bombenanschlags beim Boston-Marathon und verteilte nach der Ölkatastrophe im Golf von Mexiko zwanzig Milliarden Dollar der Ölgesellschaft BP. Am meisten Aufmerksamkeit aber bekam er, als er nach den Anschlägen auf das World Trade Center 2001 von dem amerikanischen Justizminister zum »Special master«, also zu einer Art Sonderbeauftragter, ernannt wurde, um zu entscheiden, wer unter welchen Voraussetzungen wie viel Geld erhalten sollte. Sieben Milliarden Dollar verteilte Feinberg an über 5500 Opfer und ihre Familien.

Und da gab es bei den Summen gewaltige Unterschiede. Die geringste Entschädigung erhielt die Familie eines Tellerwäschers mit 250 000 US-Dollar, die höchste ging an die Familie eines Bankers mit sieben Millionen US-Dollar. Kann also ein Menschenleben wirklich 28mal so viel wert sein wie ein anderes?

Spezifisch kann es das nicht. Statistisch schon.

Der deutsche Autor Jörn Klare hat 2010 ein Buch mit dem Titel »Was bin ich wert? Eine Preisermittlung« veröffentlicht. In einem Interview sagt er, ethisch sei das alles sehr fragwürdig. »Im Extremfall entscheidet eine im Ansatz höchst fragwürdige Formel, ob man einem Menschen noch eine lebensnotwendige Operation finanziert oder nicht. Es befreit davon, sich mit dem ethischen Dilemma auseinanderzusetzen.«

Feinberg berechnete die ausbezahlten Summen anhand eines selbsterstellten Rasters, das unter anderem drei Dinge berücksichtigte:

1. Wie viel Geld hätte das Opfer im Laufe seines Arbeitslebens noch verdient? Miteinberechnet wurden hier neben dem Job das Alter und die Gesundheit. Als Obergrenze galt ein Jahreseinkommen von 231 000 US-Dollar.
2. Eine Berechnung über den emotionalen Stress, über Schmerzen und Leid, die das Opfer oder Hinterbliebene zu erleiden hatten. Obergrenze: 250 000 US-Dollar.
3. Wie viel Geld hatte das Opfer oder dessen Familie bereits auf anderen Wegen erhalten, also etwa durch eine Lebensversicherung.

In einem Interview mit der Wochenzeitung »Die Zeit« im Jahr 2012 antwortete Feinberg auf die Frage, ob ein fünfjähriges Mädchen weniger wert wäre als ein Wall-Street-Banker: »Es ist, wie es ist. (…) Meine Aufgabe ist sehr berechnend, sehr endgültig und sehr ökonomisch. Ich versuche, den Menschen zu erklären, dass ich kein moralisches Urteil über ein Opfer fälle. Ich schaue auf die kalten, harten Zahlen.«

Ich kann verstehen, dass Menschen, die jemanden verloren haben und nun zu jemandem gehen sollen, der ihnen den Wert dieses Menschen schätzen und ausbezahlen soll, selbstverständlich ein moralisches Urteil herauslesen. Es ist keines, aber es ist schwer, das zu differenzieren.

Feinberg sagt, den statistischen Wert eines Lebens zu berechnen sei verhältnismäßig einfach. »Dafür haben wir in den Vereinigten Staaten seit zweihundert Jahren eine Formel: Wie hoch ist der wirtschaftliche Schaden, der durch den Tod eines Menschen entsteht? Wie lange hätte er noch gearbeitet? Solche Berechnungen werden jeden Tag angestellt (…) Viel schwieriger ist, mit den Gefühlen der Hinterbliebenen umzugehen, ihrem Zorn und ihrer Enttäuschung. Wie sollen Sie den Schicksalsschlag begreifen, der sie getroffen hat?«

Ja, wie soll man?

Egal, wie viel Geld die Hinterbliebenen bekommen würden, man dürfe nie Fairness in Zusammenhang mit Entschädigungsprogrammen stellen. Alle Betroffenen, sagt Feinberg, haben schmerzvoll erfahren, dass das Leben nicht fair ist. Und der Tod ist es wohl auch nicht.

Der Wert des statistischen Lebens

Ein internationaler Vergleich von Kip Viscusi von der Vanderbilt University in Nashville aus dem Jahr 2008, basierend auf Arbeitsmarktstudien, sagt im Grunde gar nichts aus, denn eigentlich lernen wir daraus lediglich, dass die Japaner im Durchschnitt am meisten Geld dafür ausgeben würden, ihr statistisches Sterberisiko zu minimieren.

Japan	9,7 Millionen Dollar
USA	7 Millionen Dollar (Mittelwert aus dreißig Studien)
Schweiz	6,3 bis 8,6 Millionen Dollar
Australien	4,2 Millionen Dollar
Österreich	3,9 bis 6,5 Millionen Dollar
Kanada	3,9 bis 4,7 Millionen Dollar
Hongkong	1,7 Millionen Dollar
Indien	1,2 bis 1,5 Millionen Dollar
Südkorea	0,8 Millionen Dollar
Taiwan	0,2 bis 0,9 Millionen Dollar

Der gerechte Tod

Viele, die leben, verdienen den Tod. Und manche, die
sterben, verdienen das Leben. Kannst du es ihnen geben?
Dann sei auch nicht so rasch mit einem
Todesurteil bei der Hand.
Der Herr der Ringe, Band 1 »Die Gefährten«

Mitten in mein Schreiben, mitten in mein Buch kommt
die Flüchtlingskrise. Wenn ich morgens den Computer einschalte, dann sehe ich Bilder, Videos, Nachrichten
von Menschen, die auf der Flucht sind. Ich sehe Kinder
und Frauen, die auf dünnen Kartons auf einem Erdboden
schlafen, die nicht genug zu essen haben, keine Decken,
keine Aussichten, keine Hilfe. Ich sehe im Winter Menschen erfrieren, und das passiert mitten in Europa, und
ich kann nicht weiterschreiben, weil mir das alles nicht
mehr wichtig erscheint.

Das Leben scheint mir gerade sehr ungerecht, und der
Tod auch. Ich treffe eine Freundin zum Tee, sie war schwan-
ger, sie und ihr Mann haben Zwillinge erwartet, und dann
sind beide Kinder im fünften Monat im Abstand von nur
vier Wochen gestorben. Als wir da so nebeneinander sitzen, sagt sie plötzlich, sie hatte neben ihrer Trauer vor

allem auch das Gefühl, das alles sei so unfair. Wieso mussten ihre Babys sterben, und wieso dürfen andere leben?

Sie hat gut auf sich geachtet, sich gesund ernährt, weder Alkohol getrunken noch geraucht, sie ist in einer liebevollen Partnerschaft, und sie ist, davon abgesehen, wirklich ein großzügiger und netter Mensch. Ich verstehe, dass die Frage nach dem Warum sie lange gequält hat. Ich weiß nicht, ob es eine Antwort darauf gibt.

Warum müssen manche Menschen sterben und andere nicht? Warum finden wir es bei manchen vor Schmerz kaum aushaltbar, und bei anderen empfinden wir beinahe so etwas wie stille Genugtuung? Wenn ich höre, dass jemand stirbt, der massenhaft Frauen vergewaltigt hat, tut mir sein Tod nicht weh. Wenn mir meine Freundin vom Tod ihrer Kinder erzählt, schmerzt es mich auch.

Wer bestimmt, welcher Tod gerecht ist?

Wer »Der gerechte Tod« oder »Kann Tod gerecht sein« googelt, stößt einmal auf Dutzende Seiten über Gott. Die Gerechtigkeit Gottes, Hölle und Himmel, Kain und Abel, die Verkündigung von Jesus Christus.

Menschen, die an einen Gott glauben, nehmen an, er bestimme über Leben und Sterben. Gott entscheide in seiner Allmacht über das Schicksal des Menschen. Darin erkennen Menschen Sinn, weil es Gottes Wille war und damit gerecht. Vielleicht sieht der Mensch selbst den Sinn darin nicht, aber Gott tut das, und damit kann auch der Mensch wieder beruhigt sein.

Ich glaube das nicht, also muss ich weitersuchen. Es scheint nämlich, dass Menschen sehr wohl finden, manche hätten den Tod verdient und andere nicht. Also was ist ein gerechter Tod?

Heruntergebrochen mag die einfache Gleichung gelten: Wer Böses tut, verdient den Tod. Wer Menschen tötet, verdient den Tod. Wer Gutes tut, verdient das Leben. Wer Menschen rettet, verdient das ewige Leben, müsste es dieser Logik nach weitergehen, aber leider setzt hier das kleine Rechenbeispiel aus.

Also wer soll sterben, was denken die Menschen darüber? Ich klicke mich durch einige Onlineforen, dieser Nachmittag ist zum Wegschmeißen, aber klar wird: Es gibt keine Logik. Wenn jemand kleine Kinder vergewaltigt, verdient er den Tod, steht da. Wenn jemand vor Krieg und Hunger flieht und nach Europa will, verdient er laut manchen Menschen ebenfalls den Tod.

Der Glaube vieler an einen verdienten Tod ist also vor allem einmal willkürlich.

Ich gehe eine Runde spazieren. Ich überlege, ob es vielleicht weniger darum geht, ob es einen gerechten Tod gibt, und vielmehr darum, ob Gerechtigkeit in einer Gesellschaft je ganz erreicht werden kann?

Was bedeutet Gerechtigkeit überhaupt? Was ist schon gerecht?

Gerechtigkeit ist ein Begriff, der vieldeutiger nicht sein könnte, der nicht mehr an Wandel in den vergangenen

Kulturen und Epochen hätte durchmachen können. Vereinfacht: Gerechtigkeit ist die Idee, Menschen würden einander etwas schulden. Gerechtigkeit ist der Glaube daran, dass es möglichst allen gut und gleich gutgeht. Gerechtigkeit als Idealzustand. Und gleichzeitig doch auch wieder Illusion. Es gibt die gefühlte Gerechtigkeit, die Gerechtigkeit eines Staates, die Gerechtigkeit des Online-Users, der annimmt, eine Mutter aus Syrien verdiene den Tod und sein Hund das ewige Leben.

Gerechtigkeit basiert auf der Annahme, jeder habe die gleichen Rechte. Da dem nicht so ist, pressen Staaten subjektive Empfindungen in objektive Gesetze, in dem Versuch, ein Zusammenleben zu ermöglichen. Subjektiv empfundene Moral gegen gelebtes Recht. Jeder Mensch ist anders und vielschichtig, aber Strafrecht kann nicht individuell sein. Es muss einheitlich funktionieren. Wird aus Gleichheit Gerechtigkeit? Der Philosoph Friedrich Nietzsche sagte einmal: »Die Lehre von der Gleichheit ist das Ende der Gerechtigkeit.« Gleichheit existiert nicht. Selbst wenn zwei Menschen des gleichen Verbrechens angeklagt werden, kann ungleich entschieden werden, denn viel hängt von Umständen ab, ja, selbst von dem Auftreten der Beklagten.

Ich rufe Slavi an, einen Freund von mir, der Anwalt ist. Als er meine kläglichen Versuche hört, oberes durchzudeklinieren, lacht er. Du hinterfragst damit den ganzen Rechtsstaat, und da wirst du nicht zu einer Allgemeinlösung kommen, sagt er. Gerechtigkeit in einem Staat ist eine gesellschaftliche Interpretation der Normen, sie hängt von der Gesetzgebung ab und die wiederum von Umwelt, Historie und Sozialpolitik eines Staates. Was ein gerechter Tod ist, entscheidet eine Gesellschaft nach ihrer gesellschaftspolitischen Ausprägung.

Es gibt Gesellschaften, die glauben, ein Mord könne durch einen weiteren Tod gerächt werden. Wenn Gerechtigkeit auf Recht basiert und es verboten ist, mich zu töten, und mich dennoch jemand tötet, ist es dem ersten Anschein nach gerechtfertigt, wenn der Staat, als Regulativ, meinen Mörder ebenfalls tötet.

Ein Leben gegen ein Leben.

Ein gerechter Tod. Ein gerächter Tod.

In manchen Ländern bestimmt der Staat ganz praktisch über den Tod seiner Mitmenschen, nämlich in jenen Ländern, in denen die Todesstrafe gilt.

In Westdeutschland wurde die Todesstrafe 1949 abgeschafft; in der DDR erst 1987. Ein interessantes Detail: In Hessen steht sie noch in der Landesverfassung. Da heißt es in Artikel 21 (1): »Ist jemand einer strafbaren Handlung für schuldig befunden (…), kann er zum Tode verurteilt werden.« Allerdings kann der Artikel nicht zur Anwendung kommen, da der Grundsatz gilt, Bundesrecht steht über Landesrecht, und Artikel 102 des deutschen Grundgesetzes lautet, »die Todesstrafe ist abgeschafft«.

Österreich schaffte die Todesstrafe am 7. Februar 1968 ab.

172

Amnesty International listet 103 Staaten, die eine Todesstrafe vollständig abgeschafft haben, 31 Staaten, in denen sie theoretisch möglich ist, aber praktisch nicht angewendet wird, und 58 Staaten, in denen sie bis heute Gesetz ist.

Der Iran ist das einzige Land, das auch Minderjährige hinrichten lässt. China gibt keine Zahlen heraus, sie sind dort Staatsgeheimnis. In den USA sinkt die Zustimmung der Bevölkerung für die Todesstrafe. Mit Stichtag 31. Dezember 2015 waren weltweit um die 21 000 Menschen als zum Tode Verurteilte in Haft.

So weit die Zahlen. Manche Staaten glauben, dass sie Regeln aufstellen und jene, die diese Regeln brechen, den Tod verdienen. Tatsächlich jedoch verhängt jeder Staat seine Regeln willkürlich. Die Gerechtigkeitsfrage mag ein Kriterium sein, sie ist gleichzeitig nur ein Aspekt von vielen. In Afghanistan etwa steht die Todesstrafe auf Homosexualität, das entbehrt genauso jeder Grundlage, wie alle Menschen zu töten, die gerne blaue Mützen tragen. Das Wort Gerechtigkeit in diesem Zusammenhang zu verwenden ist purer Spott.

Es heißt, der Tod sei das einzig Gerechte, weil er jeden gleichermaßen trifft, unabhängig vom gesundheitlichen oder sozialen Status. Aber wer wird seinen Tod jemals als gerecht empfinden? Und wer wird das tun, wenn er jemanden verliert? Derjenige, der einen geliebten Menschen durch den Tod eines anderen als gerächt ansieht, wird vielleicht Genugtuung verspüren, vielleicht Erleichterung, aber Gerechtigkeit?

Also ist vielleicht das Wort das Problem. Vielleicht hat das Wort »gerecht« hier gar nichts zu suchen. Tod kann Erlösung sein oder Schrecken, er kann Genugtuung bringen oder Verzweiflung. Gerecht ist er nicht. Er bringt keine Fairness. Und vielleicht ist er einfach genauso ungerecht wie das Leben.

Dagegen kann ich nicht viel tun. Aber etwas. Dieser Ohnmacht, dass man nichts in der Hand hat, dass man einem willkürlichen und unveränderbaren Schicksal ausgeliefert ist, lässt sich nur beikommen, indem man hilft. Man kann kleine Dinge tun, die dem Leben Gerechtigkeit geben – und damit dem Tod vielleicht auch. Etwa Flüchtende aufzunehmen, Obdachlosen eine Decke zu geben, mit der alten und einsamen Nachbarin zu reden, seinem Mann Lieblingskekse zu kaufen, seine Eltern überraschend zu besuchen, eine alte Freundin anzurufen, einem Bekannten, der eine schlechte Nachricht erhalten hat, sagen, dass man da ist.

Bei meinem Treffen mit Bischof Michael Bünker sagt er beim Abschied zu mir: »Weißt du, vielleicht geht es nicht um den gerechten Tod, sondern um einen Tod, der dem Leben gerecht wird?«

Ein gerechter Tod. Ein gemäßer Tod.

Ein dem Leben gemäßer Tod.

Man stirbt, wie man lebt. Das klingt schön und ja, vielleicht trifft das sogar auf manche Menschen zu. Auf andere hingegen überhaupt nicht. Es scheint ein weiterer Versuch zu sein, den Tod in seiner Unfassbarkeit doch wieder fassen zu können. Ihm irgendeinen Sinn zu verleihen, damit man sich nicht damit abfinden muss, dass manche Tode einfach sinnlos sind.

Meine Freundin ist mittlerweile übrigens Mutter eines völlig gesunden Jungen – wenigstens das versöhnt mich ein bisschen.

Das gute Altern

Do not deprive me of my age. I have earned it.

May Sarton

Der älteste Mensch, der je gelebt hat, war eine Frau. Die in Arles geborene Südfranzösin Jeanne Calment wurde 1875 geboren und starb, ebenfalls in Arles, im Jahr 1997 im Alter von 122 Jahren. Sie war damit der erste Mensch, der erwiesenermaßen sein 116. Lebensjahr – und dann jedes weitere bis zum 122. – erlebte und vollendete.

Calment wurde in einer Zeit geboren, in der es weder Autos noch Telefone noch Flugzeuge gab. Sie erlebte 17 Premierminister, heiratete vermögend und beschäftigte sich früh und viel mit Sport, sie spielte Klavier und hatte eine Leidenschaft für Opern. Sie überlebte ihren Mann um über fünfzig Jahre, sie verlor früh ihre einzige Tochter, zog daraufhin ihren Enkelsohn groß, der ebenfalls früh bei einem Autounfall starb. Trotzdem blieb Calment noch bis ins hohe Alter optimistisch und neugierig. Sie lernte mit fünfundachtzig Jahren Fechten, fuhr Fahrrad bis zu ihrem hundertsten Lebensjahr und zog dann mit 110 Jahren in ein Altersheim. Sieben Jahre später hörte sie mit dem Rauchen auf, fing ein Jahr später dann jedoch wieder an, bis

176

sie mit 119 Jahren fast vollständig erblindete und nicht mehr in der Lage war, sich selbständig eine Zigarette anzuzünden.

Der Mensch, der noch im 19. Jahrhundert geboren wurde und am längsten lebte, war ebenfalls eine Frau – tatsächlich steht der älteste Mann erst auf Platz 14 der Liste der ältesten Menschen der Welt. Emma Martina Luigia Morano-Martinuzzi wurde 1899 in Italien in der Provinz Vercelli geboren, sie starb im Frühjahr 2017 im Alter von 117 Jahren. Als 1946 in Italien das Frauenwahlrecht eingeführt wurde, war sie schon 46 Jahre alt. Sie führte eine unglückliche Ehe und verließ ihren gewalttätigen Mann 1938, trotz des Skandals, den eine solche Trennung damals auslöste. Sie schwor sich, nie wieder eine Bindung einzugehen, und lebte mit keinem Mann mehr zusammen. Sie war körperlich gebrechlich, aber geistig fit bis zu ihrem Tod.

Ihr Arzt erklärte ihr langes Leben mit ihrem Optimismus, sie selbst mit den zwei rohen Eiern, die sie jeden Tag aß.

Was haben überdurchschnittlich alte Menschen gemeinsam? Beide Frauen stammen aus Familien, in denen andere Mitglieder zwar bei weitem nicht so alt, aber dennoch überdurchschnittlich alt wurden. Also ist es möglich, dass ihr hohes Alter in den Genen liegt. Sie kommen aus Regionen, wo der Altersdurchschnitt recht hoch ist. Sie erlebten beide harte Zeiten, sie verloren geliebte Menschen, doch sie gingen durch diese schweren Zeiten und erhielten sich ihre Zuversicht und ihren Optimismus. Sie hatten keine Scheu davor, sich immer weiterzubilden und noch mit über achtzig Jahren Neues zu erlernen.

Kann das reichen?

Wie wird man möglichst alt, und wie altert man möglichst gut?

Wenn man nach Statistiken geht, spielt der Wohnort eine große Rolle. Es gibt auf der Welt fünf blaue Zonen, auch *Blue Zones* genannt, und wer alt werden will, sollte zusehen, dass er in einer davon lebt, denn an diesen Orten gibt es eine statistische Häufung extrem hochaltriger Menschen.

Zur Auswahl stehen:

– *Sardinien*, die zweitgrößte Insel im Mittelmeer
– *Ikaria*, eine zwischen Samos und Mykonos liegende kleine griechische Insel
– *Loma Linda*, eine etwa 21 000 Einwohner große Stadt in Kalifornien
– die *Nicoya-Halbinsel* in Costa Rica
– die japanische Insel *Okinawa*.

Was allen Orten gemein ist: Sie liegen an Küsten, die Menschen essen wenig Fleisch und viel Gemüse.

Auf Ikaria ist der Anteil der über Neunzigjährigen zehnmal so hoch wie im europäischen Durchschnitt. Krebs, Herzinfarkte und Demenz liegen weit unter dem Durchschnitt im Vergleich zum Rest Europas. Die Menschen essen vorwiegend Bohnen, Linsen, Kartoffeln und Honig. Auf Sardinien kommen über 31 über Hundertjährige auf 100 000 Einwohner. Die Bewohner sind körperlich sehr aktiv, sie arbeiten auf Feldern, gingen und gehen große Wegstrecken. Sie ernähren sich viel von Ziegenkäse und Schafsmilch. Im Dorf Okinawa sind dreißig Prozent der 3500 Einwohner älter als 65, und mehr als sechs von 10 000 Menschen werden mindestens hundert Jahre alt. Sie essen viel Tofu, Süßkartoffeln und Algen. In Loma Linda sind die Adventisten die beherrschende Religionsgruppe, sie lehnen Alkohol und Rauchen streng ab und setzen bei der Ernährung auf viel Körner und wenig Fleisch. Auf Nicoya essen die Menschen vor allem Bohnen, Mais und Kürbis.

Was also haben all diese Orte gemein? Der Stresslevel ist niedrig. Die Menschen leben mehr nach ihrem Wollen. Sie hören auf ihren Körper und ihren Geist. Sie hetzen sich nicht. Sie machen einen Mittagsschlaf. Sie trinken abends zwei Gläser Rotwein, ausgenommen in Loma Linda, und zwar in guter Gesellschaft. Genuss in Maßen ist gut und noch besser, wenn man nicht alleine ist, sondern Freunde und Familie hat. Ein guter Zusammenhalt schützt vor Krankheit. Die Menschen leben in Familienstrukturen, mit einem Gefühl der Zusammengehörigkeit und Solidarität.

Sie essen ausgewogen. Wenig Fleisch, Fisch, viel Gemüse, Hülsenfrüchte, Obst, Olivenöl, Schafskäse, wenig raffiniertes Fertigessen, statt Zucker Honig. Sie haben ein aktives Sexualleben. Sie bewegen sich viel, sind unterwegs, gehen zu Fuß. Sie sitzen im Lokal und trinken Kaffee. Sie diskutieren miteinander, erfahren Neues, erhalten sich die Neugierde.

Sie leben maßvoll, gelassen und mit einem gesunden Egoismus.

Auf Sardinien ist ein Gendefekt weit verbreitet, doch den gibt es auch bei anderen Völkern, bei denen es keine Häufung an Langlebigkeit gibt.

Loma Linda ist eine Gemeinde der liberalen Siebenten-Tags-Adventisten-Kirche, der man beitreten kann, wenn man volljährig ist. Die Kirche sagt, der Körper ist der Tempel, man behandle ihn am besten mit ausreichend Ruhepausen, vegetarischer Ernährung, viel Sport, suche sich einen Sinn für sein Leben und halte Kontakt zu anderen.

Je mehr ich über diese Regionen lese und über andere, in denen die Menschen ähnlich auffallend alt werden, die Lebensgewohnheiten lassen sich leicht zusammenfassen: Iss, was du anbaust oder verarbeitest. Lebe in einer Gemeinschaft. Lebe maßvoll. Bleibe aktiv. Sei neugierig. Versuche positiv und im besten Fall glücklich zu bleiben. Fange zeitig an, dir Gedanken darüber zu machen, wie du leben willst, wenn du alt bist.

Etwa 350 000 Hundertjährige leben derzeit weltweit, nach Schätzungen der Vereinten Nationen könnten es bis zum Jahr 2050 insgesamt 3,2 Millionen, und damit zehnmal so viele sein.

Menschen werden von Generation zu Generation älter,

und die Frage, die immer wichtiger wird, ist: Was bedeutet gutes Altern?

Welche Bedürfnisse haben ältere Menschen?

Und: Ab wann ist man überhaupt alt?

Die meisten Menschen definieren Alter über Arbeit. Alt wird einer dann, wenn er in Pension geht. Gleichzeitig ist das falsch, denn mit Alter verbinden wir Gebrechlichkeit und Leistungsabfall, aber wer in Pension geht, also etwa mit Mitte sechzig, ist im Normalfall weder gebrechlich noch weniger leistungsfähig. Es gibt Menschen in Berufen, denen würde auch niemand den Ruhestand nahelegen, Queen Elizabeth II. etwa oder dem Papst. Vielleicht ist man in dem Alter nicht mehr so schnell oder stark wie mit zwanzig, aber dafür hat man mehr Erfahrung, also gleicht sich das wieder aus. Je älter Menschen werden, desto höher wird ihre emotionale Intelligenz. Sie sind glücklicher, wahrscheinlich weil sie sich im zunehmenden Alter weniger Sorgen machen und weniger wegen Kleinkram aufregen. Und noch etwas Interessantes: Menschen um die sechzig haben mehr Sex als Menschen um die dreißig.

Älterwerden bedeutet nicht Warten auf den Tod. Und in Pension zu sein bedeutet nicht dazusitzen, die Hände im Schoß, und nichts mehr verwirklichen zu wollen. Für langes und gesundes Altern ist es wichtig, dass man das Gefühl hat, etwas zu haben, für das es sich in der Früh lohnt aufzustehen. Die meisten Menschen, die momentan geboren werden, haben eine Chance, über hundert Jahre alt zu werden. Da ist die Pensionsgrenze etwas über der Hälfte der Lebenserwartung. Es ist eine Zeitspanne, die immer länger wird und die es auszufüllen gilt. Die Frage ist: Handelt es sich dabei um gewonnene Lebenszeit oder um einen längeren Zeitraum mit Krankheit und als Pflegefall?

Was ist wichtig, um gut zu altern?

In Kalksburg in Wien gibt es ein Tageshospiz, und dort treffe ich einen Mann. Er ist über neunzig Jahre alt, in den 1930er Jahren hat er eine Schlosserlehre gemacht, er war im Krieg, dann hat er in einer Zementfabrik gearbeitet, und die letzten zwanzig Jahre seines Berufslebens war er dort Meister. Es war gut, dass die körperliche Arbeit dann ein Ende hatte, sagt er, im Büro zu sitzen habe ihm sicher einen Vorteil gegenüber anderen verschafft.

Hat ihm die Arbeit gefehlt, als er in Pension ging? Als ich ihn das frage, muss er zunächst nachdenken, sein Pensionsbeginn ist schon einige Jahrzehnte her. Nein, gar nicht, sagt er dann. Er habe so viele Ideen gehabt, er habe gelernt, Holz zu schnitzen und zu malen. Er war viel wandern und noch mit neunzig Jahren ist er Ski gefahren. Sobald die Arbeit hinter ihm lag, habe er nicht mehr daran gedacht, sagt er. Das sei auch schon während seiner aktiven Arbeitszeit so gewesen, an Wochenenden, nach Feierabend – er habe sich nie deswegen verrückt gemacht. Die Pausen seien sehr wichtig.

Vielleicht hat er recht. Das Abschaltenkönnen, bewusst immer nur eine Sache zu machen, ist eine Fähigkeit, die sich durch Gesundheit und ein erfülltes Leben zieht. Und aktiv zu sein, aufgeschlossen zu bleiben. Er geht jeden Samstag zum Heurigen, ein Glas rote Weinschorle und ein Glas Süßwein trinke er dort. Nie mehr, aber auch nie weniger. Dort hat er immer noch Freunde, was in seinem Alter schwierig ist, alle, die er seit Jahren kennt, sind tot. Seine erste Frau starb in den 1980er Jahren, seine zweite vor einem Jahr. Er war ihnen immer treu, sagt er. Die Familie und die Basis, die sie geben, sind wichtig. Die Menschen, die er jetzt zum Beispiel im Gasthaus trifft, sind zwar auch schon achtzig Jahre alt, aber für ihn immer noch recht jung. Zweimal die Woche kommt er ins Tageshospiz, jeden Donnerstagabend geht er zum »Pensionistentreffen«. Das hält ihn am Leben, sagt er.

Ich erzähle Florian am Abend von meinem Treffen, und er sagt, ja, der Roseto-Effekt. Ich weiß nicht, was er meint, das sagt mir nichts, und so erzählt er mir bei einem Glas Wein die wundersame Geschichte über das Dorf Roseto in Pennsylvania, das nach dem Ort Roseto in Italien bekannt wurde. Von dort aus machen sich Ende des 19. Jahrhunderts junge Männer auf den Weg in die USA. Sie schicken Briefe nach Hause und erzählen von ihrem schönen neuen Leben, und immer mehr Menschen aus Roseto brechen auf und kommen nach. Sie kaufen Land, auf dem sie sich ansiedeln können, bauen kleine Häuser, pflastern ihre Straßen, errichten eine Kirche, und da die allermeisten Menschen aus demselben Ort in Italien stammen, nennen sie den Ort ebenfalls Roseto. In den ersten Jahrzehnten des 20. Jahrhunderts blüht das Dorf immer mehr auf, die Menschen bauen Schulen und ein Kloster, sie legen einen Friedhof an, entlang der Hauptstraße öffnen immer mehr Läden, Restaurants und Bars. Lange Zeit ist das kleine Dorf eine eigene kleine Welt, fast völlig abgeschieden von der amerikanischen Gesellschaft. Bis ein Arzt Ende der 1950er Jahre von dem Dorf hört oder eigentlich: bis er hört, dass es in Roseto kaum einen Mann gibt, der unter 65 Jahren an einer Herzkrankheit gestorben ist. Das ist zu dieser Zeit sehr ungewöhnlich, es gibt noch keine vorbeugenden Medikamente, und Herzinfarkte sind in den USA damals die häufigste Todesursache bei Männern in diesem Alter. Der Arzt, Stewart Wolf, forscht nach. Er lässt die Einwohner Tests absolvieren, und das Ergebnis erstaunt ihn: keine Suizide, kein Alkoholismus, keine Magengeschwüre, kaum Verbrechen. Die Menschen sterben an Altersschwäche. Sonst nichts. Keine Krankheiten.

Woran kann das liegen? Wolf untersucht ihre Ernährung, doch die ist nicht sonderlich gesünder als die anderer Amerikaner. Er besieht sich die Region, weil er denkt, vielleicht liegt die Gesundheit an der besonderen geographischen Lage, aber die Menschen in den Nachbarorten sterben dreimal so häufig an Herzinfarkten, also kann es nicht daran liegen. Er überlegt, ob es in den Genen liegt, und besucht das Ursprungsdorf in Italien, doch dort sind die Menschen weniger gesund, das ist es also auch nicht. Es ist weder der Sport noch die Ernährung, es liegt nicht an den Genen oder an einer besonderen Umgebung. Es ist etwas anderes. Es ist die Gemeinschaft. Der Zusammenhalt. In Roseto wohnen oft drei Generationen unter einem Dach. Die Menschen bleiben auf der Straße stehen und plaudern miteinander. Sie laden sich gegenseitig zum Essen ein. Sie sind aktiv, für knapp zweitausend Einwohner gibt es 22 verschiedene Vereine. Die Rosetani haben eine Sozialstruktur, die sie beschützt, in der sie sich aufgehoben und aufgefangen fühlen. Wolf und sein Kollege John Bruhn stoßen hier auf etwas ganz Entscheidendes in der Altersforschung. Sie sind die ersten, die feststellen, dass Familien, Freunde, das soziale Umfeld, die Werte der Welt, in der wir leben, die Menschen, mit denen wir uns umgeben – dass das entscheidend dafür ist, wie lange wir leben und wie lange wir gut leben.

Am nächsten Tag scheint die Sonne, und ich gehe hinaus. Ich denke an die Geschichte von Roseto und setze mich auf einen sonnigen Platz an einem Parkeingang und beobachte die Menschen. Es ist ein bisschen windig, aber angenehm, ich hänge meinen Gedanken nach, und irgendwann erinnere ich mich an ein Sprichwort, dass alle Menschen wie Bücher wären. Jeder Mensch ein Buch. Wie unterschiedlich wären sie? Ich überlege mir zu den vorbeigehenden Menschen die passenden Umschläge und die passenden Titel.

Je älter der Mensch, desto dicker wird das Buch. Immer mehr Seiten sind beschrieben, manche Sätze durchgestrichen, manche unterstrichen. Manche Bücher sind langweilig, das sehe ich an ihren Gesichtern, und manche so spannend, dass ich sie am liebsten ansprechen würde. Manche sind wahnsinnig traurig, manche platzen vor Komik.

Dünne Heftchen kann ein Windstoß umhauen, dicke Wälzer trotzen jedem Sturm. Unter ihrem gegerbten Einband enthalten sie Geheimnisse, dunkle Flecken, Erfolgsmomente, Erinnerungen an eine ganze Lebenszeit mit all den Veränderungen. Ich verstehe nicht, warum unsere Gesellschaft so leichtfertig auf diese Ressourcen verzichtet. Ältere Menschen haben Lebenserfahrung, Wissen, Zeit. Wer klug ist, liest in Büchern. Wer klug ist, lernt aus ihnen. Wer dumm ist, beachtet sie nicht. Der Wunsch nach ewigem Leben beginnt für viele beim Verhindern des Alterns. Graue Haare, erste Falten, erschlaffende Muskulatur – alles Signale, die unsere Gesellschaft nicht sehen mag und deretwegen es eine eigene Industrie gibt, die sich ausschließlich auf die richtige Kosmetik konzentriert. Altern ist eine Krankheit, die es zu heilen gilt, und die Zeichen des Alterns sind Symptome, die es zu verstecken gilt. Ich frage mich: Wenn eine Gesellschaft das Altern als Krankheit versteht, wie soll sie dann gelassen und würdevoll altern?

In Deutschland gibt es das Deutsche Zentrum für Altersfragen. Seine Aufgabe laut Satzung und auf der Homepage nachzulesen: »Erkenntnisse über die Lebenslage alternder und alter Menschen zu erweitern, zu sammeln, auszuwerten, aufzubereiten und zu verbreiten, damit dieses Wissen mit Blick auf die mit dem Altern der Bevölkerung einhergehenden gesellschaftlichen und sozialpolitischen Herausforderungen im Sinne einer wissenschaftlich unabhängigen Politikberatung nutzbar gemacht werden kann«.

Vereinfacht also: Sich ansehen, wie alte Menschen leben, was sie brauchen und was sie wollen.

Was brauchen und wollen also alte Menschen? Wenn man Clemens Tesch-Römer, den Institutsleiter des Zentrums fragt, was einen gut alt werden lässt, sagt er, man solle tanzen gehen. Beim Gesellschaftstanz lasse sich alles verbinden, was im Alter wichtig ist: körperliche Bewegung, sozialer Austausch und kognitive Herausforderung.

Anfang des Jahres haben Forscher der US-amerikanischen Mayo Clinic eine Studie darüber veröffentlicht, welcher Sport jung hält. Sie ließen Testpersonen zwölf Wochen lang drei verschiedene Trainingsprogramme absolvieren, dann entnahmen sie den Menschen Muskelzellen und verglichen sie mit Zellen von Menschen, die keinen Sport getrieben hatten. Wenig überraschend hatten alle Sportler bessere Ergebnisse als die Nichtsportler. Überraschend war, dass vor allem die 65- bis 80-jährigen Teilnehmer von einem Intervalltraining profitiert hatten. Ihre Mitochondrien, die Kraftwerke der Zellen, deren Aufgabe es ist, die aufgenommene Nahrung in Energie zu verwandeln, hatten eine deutlich höhere Aktivität als die Mitochondrien derer, die etwa nur mit Gewichten trainiert hatten. Bewegung hält also dann jung, wenn sie abwechselnd sehr anstrengend und dann wieder entspannend ist. Ich denke sofort an meine Mama, die auf dem Land lebt und im Gemüse- und Obstgarten arbeitet, und bin zufrieden. In Sardinien etwa werden die Menschen auch deswegen so alt, weil sie in Bergdörfern oft auf und ab steigen müssen – Intervalltraining wie aus dem Lehrbuch.

Was ist noch wichtig? Menschen sollten sich fragen, wie sie im Alter leben wollen. Wie sie wohnen möchten. Schön und angenehm zu wohnen ist in jedem Alter von Vorteil, doch mit zunehmendem Alter wird es immer wichtiger. Die bis vor kurzem älteste Frau der Welt, Emma Morales, hatte ihre Wohnung die letzten fünfzehn Jahre nicht mehr verlassen. Die Wohnung sollte möglichst barrierefrei sein, zu hohe Türschwellen, Badewannen mit zu hohem Einstieg, zu hoch aufgehängte Schränke – all das kann einmal ein Problem werden. Eine Wohnung ist ein Ort der Sicherheit. Je länger wir in einer wohnen, desto verbundener fühlen wir uns und desto wohler.

Und wieder: Genauso wichtig wie die Wohnung ist die Umgebung. Eine gute Einbindung in die Nachbarschaft, gute soziale Kontakte, eine Nahversorgung durch Geschäfte, Arztpraxen und Apotheken ist umso wichtiger, je älter und weniger mobil man wird. Außerdem trifft man hier andere Menschen und fast nichts ist im Alter so verheerend wie Einsamkeit.

Und hier noch eine gute Nachricht, für all jene, die es im Buch bis hierher geschafft haben und vom Gelesenen nicht sonderlich begeistert sind: Es war dennoch keine

Zeitverschwendung! Tatsächlich sogar das Gegenteil. Denn Menschen, die lesen, leben länger. Vor zwölf Jahren starteten Forscher der US-amerikanischen Yale-Universität eine Studie, sie beinhaltete 3635 Teilnehmer, damals fünfzig Jahre oder älter. Sie teilten diese Menschen in drei Gruppen ein: Menschen, die keine Bücher lesen; Menschen, die bis zu dreieinhalb Stunden pro Woche lesen und Menschen, die noch mehr lesen. Nach zwölf Jahren kontrollierten die Forscher nun, wer lebt noch, wer ist tot, wer wurde wie alt? Das faszinierende Ergebnis: Leser lebten länger als Nichtleser. Im Schnitt sogar um ganze zwei (!) Jahre. Schon eine halbe Stunde Lesen am Tag erhöht die Lebensdauer. Warum das so ist, wissen die Forscher nicht, und auch nicht, ob Romane oder Sachbücher geeignet sind. Für alle Zweifler noch hinzugefügt: Die Forscher überprüften die Ergebnisse, indem sie Faktoren miteinbezogen, wonach Buchleser häufig Frauen sind, eher gebildet und gut verdienend. Außerdem berücksichtigten sie Alter, Arbeits- und Beziehungsstatus und Gesundheitszustand. Das Ergebnis hielt stand.

Leser leben länger.

Vielleicht ist es das Eintauchen in eine andere Welt. Vielleicht das Gefühl, verstanden zu werden. Etwas zu lesen, das einem bekannt vorkommt und einem das Gefühl gibt, nicht alleine zu sein. Etwas zu lesen und sich darin zu verlieren und die eigenen Probleme zu vergessen. Wenn ich an das Kapitel über Freundschaften denke und wie wichtig sie sind, weil sie einem das Gefühl geben, gut aufgehoben zu sein, macht es Sinn: Bücher können Freunde sein. Manche Bücher versetzen mich in eine eigene Stimmung, sie geben mir ein vertrautes und angenehmes Gefühl, und ja, das kann helfen.

Wenn mich dieses Kapitel also etwas gelehrt hat, dann dass gesund zu altern nicht ausschließlich davon abhängt, wie ich meinen Körper behandle, oder ob ich meinen Kopf trainiere. Es ist eine Frage der Sicherheit und des Zusammenhalts, den ich empfinde. Man sollte sich unbedingt Zeit für soziale Kontakte nehmen, sie sind eine gute Altersvorsorge. Man sollte wach bleiben und neugierig. Man sollte seine Stärken kennen und auch seine Grenzen. Man sollte wann immer man will mit neuen Projekten starten.

Dann ist das Altern vielleicht erträglich.

Und irgendwann ist man tot. Und andere bleiben zurück.

Trauer

Du – du wirst Sterne haben, wie sie niemand hat …
wenn du bei Nacht den Himmel anschaust, wird es dir
sein, als lachten alle Sterne, weil ich auf einem von ihnen
wohne, weil ich auf einem von ihnen lache.
Du allein wirst Sterne haben, die lachen können!

Antoine de Saint-Exupéry

Als Matthias geboren wurde, war ich bis oben hin voll mit Freude. Ich habe beim Aufwachen gelächelt, und beim Einschlafen auch. Ich war richtig euphorisch«, sagt die Trauerberaterin Mechthild Schroeter-Rupieper, beugt sich vor und lächelt. »Das hat lange angehalten, aber irgendwann hat es sich normalisiert. Diese überwältigende Freude hat sich einfach normalisiert. Ich habe nicht mehr jeden Morgen vor Glück gelacht. Und heute, da ist er 28 Jahre alt, und natürlich empfinde ich immer noch Freude und Glück, wenn ich ihn sehe und in schönen Momenten, die passieren – aber nicht durchgehend.« Sie macht eine Pause. Der Wind weht ein bisschen, es sind fast 35 Grad, und wir sitzen im Garten ihres Hauses im Schatten. Ihre roten langen und lockigen Haare wehen ein bisschen durcheinander.

»Bei Trauer ist das genauso«, sagt sie.

Trauer ist da. Sie ist ein Grundgefühl, sagt Paul Ekman, ein US-amerikanischer Anthropologe und Psychologe. Er zählt die Fähigkeit der Traurigkeit zu den Basisemotionen des Menschen, neben Freude, Wut, Ekel, Furcht, Verachtung und Überraschung. Sie könne heute daran denken, wie sie sich in diesen Anfangsmonaten als Mama gefühlt hat, sagt Schroeter-Rupieper. Aber sie habe nicht mehr die hemmungslosen gleichen Emotionen. Das kann ich verstehen.

Als mein Vater gestorben ist, war ich unglaublich verzweifelt. Nicht nur, weil ich um ihn getrauert habe, auch weil ich solche Angst hatte vor dem, was kommen wird und wie ich das schaffen soll. Da war ein brennendes Gefühl von Angst und Trauer, und es hat lange gebraucht, bis es wieder besser wurde und bis sich mein Leben wieder normalisiert hatte.

Ich werde heute auch traurig, manchmal, wenn ich an ihn denke, manchmal, weil ich etwas rieche, das mich erinnert, oder etwas höre, das erlebte Situationen heraufbeschwört. Aber das ist eine andere Form der Trauer – und diese wird wohl für immer bleiben.

Unsere Gesellschaft erwartet, dass ein trauernder Mensch nach ein paar Tagen wieder der Alte ist. Als könne man Trauer einfach abhaken. Als könne man aufstehen und sagen, so, das war's jetzt, was kommt als Nächstes?

Mein Vater hat 27 Jahre lang zu meinem Leben gehört. Mein Bruder 23 Jahre. Es wird niemals eine Zeit geben, wo ich das nicht mehr weiß, und wie soll ich dann nicht auch wissen, dass sie gestorben sind, und sie vermissen? Unsere Gesellschaft verwechselt Trauer gerne mit Depression und stuft sie schnell als ungesund ein. Aber das sind völlig verschiedene Dinge. Jemanden zu vermissen, manchmal zu weinen, weil jemand nicht mehr bei einem sein kann – ich wüsste nicht, was normaler sein soll.

Es hat mir nicht geholfen, dass ich nach jedem Todesfall das Gefühl hatte, dass es damit keinen normalen Umgang gibt. Ich habe mich so oft so alleine gefühlt. Ratschläge gehen von »Das ist nun mal so, finde dich damit ab« bis zu »Es gibt ein Leben nach dem Tod, du musst nur glauben« und wieder zurück. Es scheint, als gäbe es in unserer Gesellschaft keinen Platz für den Tod, und das ist doch verrückt, wo er doch ständig unter uns ist. Nun, wo ich öffentlich über das Thema rede, treffe ich so viele Menschen, die selbst Angst vor dem Tod haben. Ihrem eigenen oder davor, dass jemand stirbt, den sie lieben. Ich treffe Menschen, die jemanden verloren haben – und das manchmal schon vor Jahrzehnten – und sich nicht trauen, darüber zu reden. Menschen, die gerne sterben wollen, aber sich nicht trauen, über diesen Todeswunsch zu reden.

Die Welt ist voll von Menschen, die trauern.

Was viele gemein haben, ist Stille und Unsicherheit. Es ist schwer, mit seiner Familie und seinen Freunden darüber zu reden. Es scheint nur im geschützten Rahmen möglich und erwünscht, in Selbsthilfegruppen etwa oder mit dem Pfarrer oder dem Therapeuten.

Wenn ich etwas gelernt habe, dann, dass Reden hilft. Worte zu geben, wo keiner Worte findet, öffnet neue Möglichkeiten. Manchmal ist nichts so hilfreich wie das Gefühl, verstanden zu werden. Oft reicht das schon, um Dinge in ein anderes Licht zu rücken. Also warum nicht über den Tod reden?

Anfangs dachte ich, gut, ich halte mich an die Trauerphasen. Ich habe sie alle durchlaufen, brav wie nach Lehrbuch, mal war ich traurig, dann wütend, dann hatte ich Sehnsucht. Das Problem ist, dass diese Trauerphasen – wie das Wort Phase ja schon beschreibt – eine zeitliche Limitierung suggerieren. Also ich bin vier Wochen traurig, dann vier Wochen wütend, dann habe ich vier Wochen Sehnsucht. Aber so läuft das nicht. Die Übergänge sind fließend, und sie verlaufen nicht von A nach B und dann C, sondern wild durcheinander. Nach der dritten Phase kommt dann plötzlich wieder Phase eins. Trauer hält sich an kein Lehrbuch. Das zu akzeptieren war wahnsinnig schwer für mich. Weil man das Gefühl bekommt zu versagen. Ich dachte, alle anderen schaffen es und kommen weiter, und nun bin ich nach einem Jahr auf einmal wieder so traurig. Und nach Jahren wieder unerwartet traurig zu sein, kann einen unglaublich unter Druck setzen. Eigentlich setzt man sich selbst am meisten unter Druck.

Aber:

Trauer kommt in Wellen. Trauer hat keine Deadline.

Man ist ja nicht durchgehend traurig, aber lange Zeit kann es einen unerwartet einholen. Es hat mir geholfen, darüber zu reden. Ich habe eine Gesprächstherapie gemacht. Die war unglaublich hilfreich dabei, vieles in mir neu zu ordnen. Aber ich glaube, am meisten geholfen hat mir, als ich verstanden habe, dass ich nie wieder der Mensch sein werde, der ich vorher war. Und dass das in Ordnung ist.

Man kann manches nicht ungeschehen machen. Der Tod meines Vaters, der Tod meines Bruders, sie gehören zu meinem Leben. Sie bedeuten nicht, dass dieses Leben nicht trotzdem ein erfülltes und glückliches sein kann.

Ich habe von mir selbst erwartet, dass ich die Trauer nur hinter mich bringen muss, und dann geht es mir wieder gut. Dann bin ich wieder der Mensch, der ich vorher war. So etwas Dummes. Wie sollte das denn gehen? Wenn solche Einschnitte in das Leben nicht etwas hinterlassen, wenn sie einen nicht verändern, das wäre doch viel schlimmer. Man erinnert sich ja auch an die großen und schönen Einschnitte. Ich werde mich ja auch immer an manche Momente erinnern, die ich nur mit meinem Vater teile. Und mich darüber freuen. Wie soll ich denn diese Freude von der Trauer über seinen Verlust so trennen, dass ich es nie wieder empfinden kann? Also natürlich werde ich mich immer an seinen Tod erinnern. Das soll krank sein? Pathologisch? Blödsinn.

Die Trauerbegleiterin Mechthild Schroeter-Rupieper sagt zu mir: »Stell dir vor, es läutet an der Tür und du gehst hin und jemand sagt dir, dein Mann ist gestorben. Du wirst schreien, du wirst weinen und hysterisch sein. Sofort wird dir jemand Tabletten oder eine Spritze zur Beruhigung anbieten. Aber nun stell dir das Gleiche vor, und derjenige, der an der Tür steht, sagt dir, du hast im Lotto gewonnen. Du wirst schreien und hysterisch sein, und niemand wird dir eine Spritze zur Beruhigung anbieten.«

Sich zu freuen ist als normale Reaktion anerkannt, mit dem Trauern tut man sich schwer, das möchte man zumindest abdämpfen. Und doch gehört Trauer zu unserem Leben. Sie ist manchmal präsenter und manchmal nicht. Meine Mama sagt, eine gewisse Grundtrauer ist bei ihr immer da. Manchmal wird sie zugedeckt von schönen Dingen, und auch von Zeit und Abstand. Es ist, wie wenn Laub von den Bäumen fällt und die Dinge darunter begräbt. Dann kommt manchmal ein Windstoß und trägt das Laub weg und lässt Trauer und Schmerz wieder präsenter sein. Und der nächste Windstoß deckt vielleicht wieder ein bisschen zu.

Manchmal fragen mich Menschen, ob ich meinen Vater liebe oder ob ich wütend auf ihn bin und ihm nicht verzeihen kann. Als würde nicht beides gehen. Wenn man in einer Beziehung zu einem Menschen steht, gibt es immer Momente, in denen man sich furchtbar über den anderen ärgert. Und doch liebt man ihn ja weiterhin. Ich liebe meinen Vater, aber dass er sich erschossen hat, macht mich manchmal auch ärgerlich. Und manchmal macht es mich eben traurig. Aber wir betrachten Trauer als Ausnahmezustand, und es muss möglichst schnell wieder der Normalzustand hergestellt werden, als wäre sie ein Fehler im System oder eine Krankheit. Das erzeugt einen unheimlichen Druck. Mit jedem Tag, an dem ich traurig bin, mit jedem Moment, an dem ich melancholisch an meinen Vater oder meinen Bruder oder meinen Opa, meine Oma denke, an einen geliebten Verstorbenen, wächst der Druck.

Trauer verändert sich. Wir verändern uns und natürlich auch unsere Emotionen. Heute ist die Trauer nicht mehr in allem und ständig um mich herum. Aber immer bevor ein Todestag naht, zieht sich in mir schon alles zusammen.

Vor kurzem hatte mein Bruder eine Phase, in der er sehr unglücklich war. Wir haben telefoniert, und so nebenbei erwähnte ich, dass ja nun am nächsten Tag schon wieder Tills Todestag sei. Er war richtig erleichtert. Er hatte nicht daran gedacht, aber es ging ihm seit ein paar Tagen schlechter, er war dünnhäutig, gereizt, traurig. Als ihm klarwurde, dass es daran lag, dass er Till vermisste, dass es einfach an seiner Trauer lag, war er erleichtert. Wir konnten darüber reden, und wir haben uns beide besser gefühlt. Der Tag, an dem Till starb, der Tag, als unser Vater starb, sie gehören zu den schlimmsten Tagen in unserem Leben. An diesen Tagen bin ich nicht nur traurig, dass sie tot sind, sondern auch dankbar, dass sie in meinem Leben waren. An diesen Tagen hängt viel mehr.

Ich bin immer froh, wenn der Todestag meines Vaters

vorbeigeht. Ich werde an diesem Tag im Juli immer abends auf die Uhr schauen und mir denken, in einer halben Stunde ist er tot. Oder jetzt ist er seit einer Stunde tot.

Dieser Tag, dieser Tod, hat mein Leben geteilt. Es wäre verrückt anzunehmen, dass der Tag kommen wird, an dem mich das nicht mehr kümmert. Wie lange trauert man also? Und ist Trauer gleich Trauer?

Nein. Ich werde immer wieder traurig sein, und es wird mir doch immer gutgehen. Und was ich jetzt ganz bestimmt weiß und Menschen sage, die erst unmittelbar jemanden verloren haben: Man wird sich nicht immer so fühlen wie zu Beginn. Trauer wird anders.

William J. Worden hat die Trauer zu seinem Lebensthema gemacht. Sein Buch »Beratung und Therapie in Trauerfällen« ist in seiner Originalfassung bereits 1982 erschienen und gilt als Standardwerk der Trauerforschung. Es hat mir sehr geholfen, es zu lesen, und als ich höre, dass er in Wien einen Vortrag hält, fahre ich hin. Worden definiert keine Trauerphasen, sondern er schreibt von den vier Aufgaben des Trauerns – und lässt dabei bewusst jede Zeitangabe außer Acht.

Der Unterschied zu den Phasen liegt auch darin, dass Aufgaben nach einer aktiven gedanklichen Auseinandersetzung verlangen. Nach dem Tod meines Vaters hatte ich ein unglaubliches Gefühl der Ohnmacht. Ein Mensch, den man liebt, ist plötzlich weg, und man kann nichts dagegen tun und man hat auch vorher nichts dafür getan. Die Welt verändert sich also ohne das eigene Zutun völlig. Dann wieder eine aktive Rolle einzunehmen kann dabei wahnsinnig hilfreich sein.

Aufgabe Eins: Den Tod und den Verlust zu begreifen und anzunehmen. Eines der schwierigsten Dinge für mich war, die Endgültigkeit zu akzeptieren, die der Tod mit sich bringt. Wir sind es gewohnt, dass sich Dinge noch irgendwie regeln lassen. Selbst wenn eine Beziehung zerbricht, ist es eine Option, den ehemaligen Partner noch zu kontaktieren, wenn es wirklich unbedingt sein muss. Der Tod lässt einem keine anderen Optionen. Wir wissen nicht, wo der geliebte Mensch nun ist, und wir müssen begreifen, dass er nie wieder bei uns sein wird.

Helfen kann, sich von dem Toten zu verabschieden – was auch erklärt, warum es so viel schwieriger sein kann, den Tod zu akzeptieren, wenn der Leichnam fehlt und keine Hoffnung auf eine erfolgreiche Suche besteht. Und helfen kann das Darübersprechen mit Freunden, Verwandten, vielleicht auch mit professionellen Hilfen wie einem Trauerbegleiter oder einem Psychologen.

Aufgabe Zwei: Die Vielfalt der Gefühle zu erleben. Wer trauert, ist nicht nur traurig. Wer jemanden verliert, fühlt Schmerz, Wut, Ablehnung, Verzweiflung, Angst, aber auch Erleichterung und Aufatmen. All diese Gefühle nicht wegzuschieben, sondern auszuhalten und zu durchleben ist wichtig. Unlängst hat mir ein Mann erzählt, sein Vater habe sich vor zwanzig Jahren an seinem vierzigsten Geburtstag getötet – nun ist er sechzig, geht in Pension, und auf einmal muss er so viel um ihn weinen. Er fehlt ihm. Er denkt jeden Tag an ihn. Er fragt mich, ob das normal ist oder ob etwas mit ihm nicht stimmt. Es stimmt alles. Diese Gefühle sind da. Man kann sie zwanzig Jahre lang wegschieben, aber dadurch verschwinden sie nicht. Einen Verlust kann man besser verarbeiten, wenn man die Gefühle aushält. Es ist wichtig, dass Freunde nicht versuchen, sie wegzutrösten oder kleinzureden. Das hilft nicht. Manche sagen zu mir, dass mein Vater ein Recht hatte, sich zu töten, und ich könne ihm das nicht absprechen. Das mag sein, aber es ist auch mein Recht, deshalb auf ihn manchmal wütend zu sein. Es ist wichtig, dass Menschen verstehen, dass jedes Gefühl, das sie empfinden, es wert ist, durchlebt zu werden. Auch wenn es unpassend erscheint. Die Umgebung möchte, dass trauernde Menschen möglichst schnell wieder normal sind, und das liegt daran, dass wir es so schlecht aushalten, wenn jemand trauert – weil wir nicht wissen, was wir sagen sollen, und weil wir uns hilflos fühlen. Also sagen viele, na komm, das wird schon, ist ja nicht so schlimm. Trauer muss man aushalten. Sie wird nicht einfach wieder gehen. All das, was man fühlt, muss man auch hinauslassen können. Nur so kann man wieder aktiv werden, und nur so kann man wieder zu einem ausgeglichenen Gefühlshaushalt kommen.

Aufgabe Drei: Sich an die veränderte Umwelt zu gewöhnen und anzupassen. Meine Mama sagt, eine Familie ist wie ein Mobile. Jedes Familienmitglied hängt an einem Faden, wie bei dem Windspiel bedingt seine Stabilität die der anderen. Nach dem Tod meines Bruders bricht unser Familien-Mobile zusammen. Wir haben es noch nicht wieder aufgebaut, als mein Vater stirbt. Dann ist es wieder in Bewegung. Wenn sich alles andere ändert, ändert sich auch die eigene Rolle. Nach dem Tod eines Menschen muss man erst einmal herausfinden, wo dieser Mensch überall fehlt und was sich verändert hat. Oft ist der Umgang untereinander dadurch anders, oft auch der Umgang mit dem Nachbarn, mit Bürokollegen und Freunden. Viele Menschen reagieren lieber nicht oder wissen nicht, was sie sagen sollen, weil sie nichts Falsches machen möchten. Die Welt, die bleibt, wenn jemand daraus stirbt, ändert sich immer. Es ist wichtig, diese Veränderung wahrzunehmen und daran nicht zu verzweifeln oder ungeduldig zu werden. Es hilft, sich an Menschen zu halten, mit denen man offen reden kann und die einen liebevoll und geduldig unterstützen.

Aufgabe Vier: Dem Toten einen neuen Platz zuzuweisen. In der ersten Zeit nimmt der Tote wahnsinnig viel von den Gedanken und Gefühlen ein. In den ersten Monaten habe ich unglaublich viel an meinen Vater gedacht, er war in meinem Alltag unentwegt präsent, egal ob beim Einkaufen, im Büro oder am Abend in der Wohnung. Das wird weniger, und das ist ein Glück. Die Gedanken wenden sich anderen Dingen zu, und das Gewicht verschiebt sich. Das bedeutet nicht, dass man den Menschen vergisst. Er bekommt aber einen anderen Platz im Leben, wo er sein kann, wo man an ihn denken kann, wenn er fehlt oder wenn man an etwas Lustiges denkt und weiß, da hätte er jetzt gelacht. Es wird ein Platz, wo man auch einmal an ihn denken kann, ohne traurig zu werden. Der Mensch wird aktiv in Erinnerung gerufen und ist nicht unentwegt präsent. Man gestaltet sein Leben neu. Man versteht, dass das Leben nicht mehr so sein wird wie vor dem Todesfall, aber dass es neue Chancen bietet, dass es einem wieder gutgeht und man glücklich sein kann.

Gerade weil das Thema oft sprachlos macht, habe ich Mechthild Schroeter-Rupieper gebeten, mit mir gemeinsam ein paar Listen zu erstellen, die für Menschen in Trauer und jene, die mit ihnen umgehen, hilfreich sein können:

10 Dinge, die Trauernde tun können

1. *Gefühle zulassen.* Jeder trauert auf seine Weise. Oft erlebt der Trauernde viele unterschiedliche Gefühle. Es ist in Ordnung, diese Gefühle zuzulassen und bewusst zu erleben. Man kann auf den Verstorbenen wütend sein und ihn dennoch lieben. Man kann enttäuscht sein und voller Sehnsucht. Wie man empfindet, so ist es in dem Moment in Ordnung.

2. *Reden.* Reden Sie mit Freunden, mit Menschen, bei denen Sie sich in Sicherheit und wohl fühlen. Reden Sie mit Außenstehenden wie einem Trauerberater. Wenn Sie das Gefühl haben, sich im Kreis zu drehen,

202

und es nicht besser wird, scheuen Sie sich nicht, zu einer Trauergruppe zu gehen. Mit Menschen, die Ähnliches erlebt haben, redet es sich anders. Vielleicht gehen Sie auch für eine Stunde zu einer Gesprächstherapie. Lesen Sie Bücher über Trauerbearbeitung.

3. *Haben Sie Geduld.* Es gibt keine Deadline für Trauer, es gibt keinen bestimmten Zeitpunkt, zu dem alles wieder gut wird. Seien Sie nachsichtig mit sich und geben Sie sich Zeit. Setzen Sie sich nicht unter Druck!

4. *Akzeptieren Sie die Veränderung.* Wenn jemand stirbt, der Ihnen nahe war und den Sie geliebt haben, wird die Welt nach seinem Tod immer eine andere sein. Akzeptieren Sie das. Sie können darauf vertrauen, dass es trotzdem eine schöne sein wird.

5. *Verlieren Sie nicht die Hoffnung:* Manchmal scheint einem nichts mehr wirklich Sinn zu machen. Es ist schwer, sich jeden Tag wieder aufzuraffen. Vertrauen Sie darauf, dass das Leben wieder schöner wird. Bitten Sie gute Freunde, Sie regelmäßig anzurufen und Ihnen Vorschläge für Aktivitäten zu machen, wie mit Ihnen spazieren zu gehen. Vielleicht wollen Sie die ersten zweimal nicht, aber beim dritten Mal dann doch.

6. *Schreiben Sie:* Manchen Menschen hilft es, wenn sie dem Verstorbenen ein paar Zeilen schreiben. Manche reden mit dem Toten.

7. *Vergessen Sie sich nicht:* Um jemanden zu trauern ist wahnsinnig anstrengend. Man selbst zählt weniger, es ist trotzdem wichtig, auf sich zu achten, sich etwas Gutes zu tun, etwas zu gönnen und kein schlechtes Gewissen zu haben.

8. *Mit Arbeitskollegen und Bekannten offen umgehen:* Oft ist es so, dass die Menschen im Büro um den Verlust wissen, aber keine Ahnung haben, ob und wie sie das ansprechen sollen. Wenn es Ihnen hilft, schreiben Sie eine Mail, wo Sie erklären, wie Sie sich fühlen, was sich für Sie verändert hat und dass Sie kein Problem (oder eben ein Problem) damit haben, darauf angesprochen zu werden.

9. *Sammeln Sie Erinnerungen:* Es kann helfen, Erinnerungen an den Verstorbenen zu sammeln, etwa in einer kleinen Schachtel. Füllen Sie sie mit Notizen, Erinnerungen, Briefen, die sie sich geschrieben haben, Fotos … Bitten Sie Freunde, Ihnen von ihren Erinnerungen zu erzählen. Es hilft, alles in einer Box zu haben und diese Box auch einmal wegschieben zu können.

10. *Sie sind kein Opfer:* Sie haben jemanden verloren und müssen darum kämpfen, wieder aktiv ins Leben zu finden. Haben Sie keine Scheu davor, Ratschläge abzuwehren, die Sie nicht möchten. Wenn Sie Besuch bekommen, den Sie nicht mehr loswerden, trauen Sie sich aktiv zu sagen, bitte geh jetzt.

10 Dinge, die Freunde für Menschen tun können, die trauern

1. *Hören Sie zu.* Seien Sie da und hören Sie zu. Werden Sie nicht ungeduldig, wenn sich die Gespräche wiederholen. Die Wirklichkeit des Verlustes wird immer realer, je öfter der Trauernde darüber reden kann. Wer trauert, will von Erfahrungen, Gefühlen und Erinnerungen erzählen.

   Machen Sie sich keine Sorgen, wenn Sie nicht wissen, was Sie sagen sollen. Vor allem ist es wichtig und eine Hilfe, dass Sie Ansprechpartner sind, dass Sie da sind. Reagieren Sie natürlich, fragen und sagen Sie, was Ihnen in den Sinn kommt. Erzählen Sie von Ihren eigenen Erfahrungen, geben Sie aber keine Tipps und vergleichen Sie bitte nicht. Trauer ist unterschiedlich. Was für Sie gilt, muss nicht bei jemand anderem gelten, und was Ihnen ein anderer erzählt hat, muss nicht für den Trauernden gelten. Den Trauernden an Ihren Gedanken teilhaben zu lassen ist etwas anderes, als ihm zu sagen, wie er sich zu fühlen oder zu verhalten hat.

2. *Urteilen Sie nicht.* Wer trauert, durchläuft widersprüchlichste Gefühle. Da sind Verzweiflung, Angst, auch Wut. Lassen Sie den Trauernden aussprechen, was immer ihm gerade guttut. Akzeptieren Sie die Trauer, wie sie gerade ist, in der Phase, in der der Trauernde sich gerade befindet. Trauernde dürfen keine Angst haben, dass sie für das, was sie sagen

oder tun, kritisiert werden. Wer trauert, sucht einen Weg, um mit dem Schmerz umzugehen. Seien Sie stattdessen präsent, weinen Sie mit, umarmen Sie den Menschen, schweigen Sie gemeinsam, halten Sie gemeinsam den Schmerz aus.

3. *Achten Sie auf sich.* Sie können nur helfen, wenn es Ihnen selbst gutgeht, wenn Sie ausgeruht sind und präsent sein können. Wenn Sie selbst etwas quält, wenn Sie sich abhetzen und den Termin mit dem Freund in eine halbe Stunde pressen müssen, ist es schwer, ein tiefes Gespräch zu führen.

4. *Beachten Sie: Trauernden zu helfen ist anstrengend.* Wer einem trauernden Menschen helfen will, muss sich darüber im Klaren sein, dass das nicht nur so nebenbei geht. Halb-Dasein geht nicht. Diese eine Stunde, diesen einen Tag muss man sich bewusst nehmen, und dann muss man da sein. Überlegen Sie also vorher, ob Sie diese Zeit haben und ob Sie sich die Zeit nehmen wollen, um über dieses traurige und schwere Thema zu reden. Umgekehrt ist es schwierig, sich in seiner Trauer zu öffnen, und wenn man es tut, kann man nicht mehr so leicht zurück. Ich erinnere mich an den Anruf einer Freundin kurz nachdem mein Vater gestorben ist: Sie hat mich gefragt, wie es mir geht, aber nach drei Minuten konnte sie nicht mehr weiterreden. Sie hat also aufgelegt, und ich stand da, gefühlsmäßig halb offen und verletzlich. Bieten Sie keine hilfreiche Schulter

an, wenn Sie eigentlich nicht wollen oder wenn Sie keine Kraft für das haben, was kommt. Trauer ist ansteckend. Das Schöne ist: Trost auch. Am meisten hat mir in meiner Trauer geholfen, wenn meine Freundin Renate neben mir auf der Couch saß und wir Wein getrunken haben, wenn sie meine Hand gehalten hat, mit mir geweint und dann wieder gelacht hat. Sie hat mich wieder und wieder reden lassen und war nie gekränkt, wenn ich dazwischen überhaupt nicht reden wollte.

5. *Wenn Sie Hilfe anbieten, seien Sie verlässlich.* Wenn Sie sagen, Sie rufen am Sonntag an, dann rufen Sie auch wirklich am Sonntag an. Wer jemanden verloren hat, hat auch immer ein Stück Sicherheit verloren, ist ängstlich, weil etwas Furchtbares passiert ist. Diese Sicherheit wiederzubekommen ist schwierig, und es wird schwerer, wenn Menschen einem etwas verspre-chen und es dann nicht einhalten.

6. *Seien Sie nicht gekränkt.* Manchmal hat der Trauernde keine Lust, über den Verstorbenen zu reden. Manch-mal will man nicht daran denken. Manchmal passt der Zeitpunkt nicht, manchmal nicht der Ort. Bezie-hen Sie ein Nein zu dem Gespräch nicht auf sich selbst. Fragen Sie zu einem anderen Zeitpunkt wieder nach. Wirklich, fragen Sie später noch ein-mal! Meine Freundinnen haben mich jahrelang immer wieder mal gefragt, wie es mir geht, und manchmal wollte ich nicht darüber reden, aber oft

hat sich ein Gespräch daraus ergeben, das vieles wieder leichter gemacht hat und wodurch ich vieles anders sehen konnte.

7. *Melden Sie sich regelmäßig.* Oft scheut man sich davor, einen Trauernden zu kontaktieren, weil man das Gefühl hat, er wird schon etwas sagen, wenn er Kontakt haben will. Oft ist aber das Gegenteil der Fall: Der Trauernde wurde gerade verlassen, es ist gerade jetzt wichtig für ihn zu wissen, dass andere da sind und sich kümmern. Dass man jemandem wichtig ist. Fragen Sie regelmäßig nach, oder schlagen Sie ab und zu etwas vor, wie den anderen zu einem Spaziergang abzuholen oder einen Ausflug zu machen.

8. *Bieten Sie praktische Hilfe an.* Bei einer Bekannten von mir, die jemanden verloren hatte, sind Arbeitskollegen an einem Tag angerückt und haben Küche, Bad und Klo geputzt. Es hilft, wenn man sich organisiert und abspricht. Bringen Sie etwas zu essen vorbei, Menschen in Trauer vergessen manchmal zu kochen oder haben keinen Kopf dafür. Erkundigen Sie sich, ob der Mensch bei praktischen Dingen Hilfe braucht, wie zum Beispiel den Kleiderschrank des Verstorbenen leer zu räumen oder Abos abzubestellen. Manche wollen das gerne selbst machen, um sich abzulenken, für manche ist es eine Aufgabe, der sie sich alleine nicht gewachsen fühlen. Schauen Sie, wie Sie am besten helfen können. Drängen Sie sich nicht auf.

208

Und immer gilt: Seien Sie nicht gekränkt oder verärgert, wenn Ihre Hilfe nicht angenommen wird. Sie können anbieten, haben aber kein Recht darauf, dass Ihr Angebot auch angenommen wird. Drängen Sie den Trauernden nicht zu etwas. Machen Sie ihm kein schlechtes Gewissen, wenn er seine Dankbarkeit nicht ausdrückt. Dass Sie da sind, ist Ihre Entscheidung, tun Sie es, weil Sie den Menschen lieben und ihm helfen wollen, nicht, weil Sie Lob und Dankbarkeit erwarten.

9. *Melden Sie sich ruhig, auch wenn längere Zeit verstrichen ist.* Es gibt keine zu langen Pausen. Es ist nie zu spät! Viele Menschen haben ein schlechtes Gewissen, wenn sie länger keine Zeit hatten, und melden sich deswegen gar nicht mehr. Tun Sie das nicht! Schlagen Sie stattdessen gerne immer wieder neue Aktivitäten vor. Wenn Familienfeste anstehen, wie etwa Weihnachten oder Ostern, fragen Sie den Trauernden, wie er sie verbringen wird, vielleicht ist er nun alleine. Melden Sie sich, wenn Sie wissen, dass der Todestag ansteht.

Fragen Sie ruhig nach dem Verstorbenen: Viele Menschen haben Angst, das Thema anzusprechen, sie glauben, daran zu rühren macht alles noch schlimmer. Das Gegenteil ist der Fall. Die meisten Menschen wollen über den Toten reden, über ihre Gefühle, ihre Erinnerungen. Sie denken ohnehin die meiste Zeit an ihn. Wenn man nicht darüber reden will, werden Sie das merken, und generell gilt: Es ist immer leichter, nein zu einem Gesprächsthema zu sagen, als darum zu bitten, dass über den Toten geredet wird.

10. *Fühlen Sie mit.* Mir fällt da immer eine Geschichte ein, die mir eine Freundin einmal erzählt hat. Eine Bekannte von ihr hatte ihren Partner verloren, und immer wenn meine Freundin sie ab dann auf der Straße sah, hat sie die Seite gewechselt – weg von der Trauernden.

»Um Himmels willen, wieso machst du denn so etwas?«, hab ich sie völlig erstaunt gefragt.

»Weil ich ihr ihren Freiraum geben wollte und Ruhe für ihre Trauer und weil ich nicht wusste, was ich sagen soll.«

»Aber überleg einmal, wie es ihr damit ging«, hab ich geantwortet. »Sie trauert, hat jemanden verloren, und du gehst ihr einfach aus dem Weg, anstatt sie zu fragen, wie es ihr geht, oder einfach nur, anstatt ihr etwas Nettes zu sagen, wenn du nicht viel Zeit hast.« Viele glauben, wer trauert, erwartet von einem Freund besonders Kluges und Hilfreiches. Oder Mitleid. Das ist nicht so. Es hilft, wenn jemand da ist und mit einem mitfühlt.

Die häufigsten (Selbst-)Vorwürfe von Trauernden – und was man dagegen tun kann

Viele Menschen machen sich nach dem Tod eines geliebten Menschen Vorwürfe. Vor allem wenn der Mensch plötzlich und unerwartet stirbt, bleiben viele Fragen offen, vieles scheint unausgesprochen. Es ist eines der schwersten Dinge, sich mit der Endgültigkeit abzufinden, die der Tod mit sich bringt. Sich Vorwürfe zu machen kann also leicht passieren, doch es sollte nicht sein, und es hilft nicht.

Was kann ich dagegen machen?

Ich wollte mehr Zeit mit diesem Menschen verbringen: Verstehen Sie, dass diese Zeit alles war, was Sie mit diesem Menschen bekommen konnten. Halten Sie sie hoch, denken Sie an all die vielen Momente, die sie miteinander hatten, und freuen Sie sich darüber. Nutzen Sie diesen Tod als eine Chance, um zu sagen: Durch dich und deinen Tod habe ich gelernt, wie wichtig mir Zeit mit manchen Menschen ist. Nehmen Sie sich Zeit für jemand anderen, der Ihnen wichtig ist, sehen Sie es als Möglichkeit, etwas Gutes zu tun, indem Sie sich um ihn kümmern und das nicht aufschieben. Sehen Sie bewusster, was wichtig ist, und akzeptieren Sie, dass sich Prioritäten nun verschieben.

Ich fühle mich schuldig: Bitten Sie um Entschuldigung. Tun Sie es laut oder leise, aber Sie können es jederzeit machen, dazu ist es nie zu spät.

Was wollte ich diesem Menschen noch sagen: Alles, was ich dem lebenden Menschen noch sagen wollte, kann ich auch dem Toten sagen. Ich kann es aufschreiben und ihm vorlesen, ich kann den Brief ins Grab legen, ich kann es einfach zu Hause laut sagen, ich kann zum Friedhof fahren und dort mit ihm/ihr reden. Ich kenne diesen Menschen gut und in mir werde ich die Antworten finden, die er/sie mir geben würde. Führen Sie dieses Gespräch mit sich selbst!

10 Dinge, die Sie bitte niemals zu Trauernden sagen sollten

1. Ich weiß genau, wie du dich fühlst.
2. Am schlimmsten ist es doch, wenn ein Kind stirbt, da hast du doch Glück gehabt (wenn der Partner stirbt).
3. Du hast doch noch zwei Kinder (wenn ein Kind stirbt).
4. Du bist noch jung, du kannst noch viele Kinder kriegen.
5. Reiß dich zusammen, anderen geht es schlechter als dir.
6. Du musst anfangen, nach vorne zu schauen.
7. Du musst loslassen.
8. Vielleicht bist du krank, denn normal ist das nicht mehr, immer noch zu trauern.
9. Sei doch einmal fröhlich, das hält ja keiner aus.
10. Zeit heilt alle Wunden.

Und warum nicht?

Vergleichen Sie den Schmerz nicht: Niemand ist in der Situation, in der der Trauernde gerade ist, also kann auch dessen Schmerz nicht anderem gleichgestellt werden. Jeder Verlust tut für sich weh und ist schmerzhaft. Ein Vergleich ist unangebracht und hilft niemandem. Jeder Verlust muss für sich betrauert werden, und für jeden Verlust muss individuell Verständnis aufgebracht werden.

Bevormunden Sie nicht: Du musst das und das tun, es wird Zeit, dass du … – sagen Sie dem Trauernden nicht, was er zu tun hat. Trauern braucht seine Zeit, und Trauer ist individuell. Auch wenn Sie die Trauer nicht nachvollziehen können, hat der Trauernde ein Recht darauf.

Bauen Sie keinen Druck auf: Wenn Sie sagen, du musst loslassen oder es reicht langsam mit der Trauer, setzen Sie den Trauernden unter Druck, ohne zu helfen. Sagen Sie lieber, einen geliebten Menschen kann man nicht vergessen. Sagen Sie, die Trauer wird bleiben, der Schmerz wird nachlassen.

1 Abend, 6 Freunde, 1 Thema

Wenn der Tod ein Thema ist, über das sich so schwer reden lässt, was passiert, wenn man es zum Thema macht, über das ausschließlich geredet werden muss? Ich beschließe, das auszuprobieren, und lade fünf Freunde von mir ein, um nur über den Tod zu reden. Was denken sie über ihren Tod? Was über den Tod anderer? Wann haben sie ihn das erste Mal bewusst erlebt? Was passiert mit einem Gespräch, in dem nur darüber geredet wird? Funktioniert das? Wird es zur Selbsthilfegruppe, wird man lachen, wird es unangenehm?

Was schon einmal überraschend ist: Keiner der Eingeladenen sagt ab. Alle sagen, das klingt interessant und sie sind dabei.
   Es kommen:

Renate, meine Freundin
Matthias, ihr Lebensgefährte, der Krankenpfleger in der Intensivstation in einem Krankenhaus ist
Stefan, ein Freund von mir, der mit mir schon an meinem ersten Buch gearbeitet hat

Rainer, ein guter Freund von mir und Arbeitskollege von
   Florian
und natürlich *Florian*.

Ich kaufe ein paar Flaschen Wein, ein paar Packungen Fruchtsaft, schiebe den großen Holztisch in die Mitte des Raumes, ein paar Sessel darum, stelle Knabberzeug darauf, lege zwei Aufnahmegeräte bereit und warte.

Man bekommt nicht eines Tages eine E-Mail: »Herzlichen Glück-wunsch, Trauer bewältigt!«

Saskia: Wann seid ihr dem Tod das erste Mal bewusst
   begegnet?

Renate: Mein erster Todesfall war der meiner Oma, da war ich acht Jahre alt. Sie hat die Diagnose Brustkrebs bekom-men und ist innerhalb eines Monats gestorben. Meine Oma war meine Zweitmama. Als sie gestorben ist, hat mich das irrsinnig getroffen. Ich habe begriffen, was da passiert und ich habe es als schmerzhaft empfunden. Was mir gefehlt hat, war, dass niemand mit mir geredet hat. Die Erwachsenen haben sich gedacht, es ist besser nicht darüber zu reden, dann kann man es leichter verarbeiten. Tatsächlich glaube ich aber, dass das ein Fehler war. Die Intention war gut, aber es wäre besser gewesen, den Tod anzusprechen, weil auch ein Kind merkt, dass die Oma von heute auf morgen nicht mehr da ist. Ein Jahr darauf ist mein Opa gestorben. Und wieder ein Jahr später meine Urgroßmutter. Ich glaube, das hat mich sehr geprägt. Jeder, der schon jemanden verloren hat, weiß, dieser Schmerz ist unvergleichbar. Das erschüttert einen so, man spürt eine besondere Art von Schmerz. Ich glaube, ich bin dadurch sensibler geworden. Trauer kommt in Wellen. Man bekommt nicht eines Tages eine E-Mail, wo drinnen steht: »Herzlichen Glückwunsch, Trauer bewältigt!« Ich bin viel empathischer. Jeder Mensch hat gute und schlechte Zeiten und man sollte sich öfters bewusst machen, dass jeder Mensch vielleicht gerade etwas Schweres durchzustehen hat.

Stefan: Welche Antworten hättest du damals erwartet, als deine Oma gestorben ist und das von der Familie beschwiegen wurde?

Renate: Ich habe gesehen, dass alle traurig waren und meine Mama verstohlen geweint hat. Das habe ich alles mitbekommen, das war in der Luft, aber es war so diffus, und wenn jemand mit mir geredet hätte, dann hätte mir das geholfen zu verstehen, warum es mir Angst macht. Jahre später ist meine erste große Liebe gestorben, und dann ging es bald mit den Todesfällen in Saskias Familie weiter, man kann also sagen: Der Tod war mir immer ein treuer Begleiter (lacht). Und wie wir dann gemerkt haben: Reden hilft extrem. Ich war schon immer sehr kommunikativ, und es hätte mir früher geholfen, wenn jemand zu mir gesagt hätte, dass der Tod zum Leben gehört und es normal ist, wenn man unendlich traurig ist, aber es besser wird. Wenn man weiß, dass es anderen auch so geht, das kann Hilfestellung sein. Einmal habe ich gefragt, und die Antwort war ganz klassisch: Die Oma ist im Himmel, und sie ist jetzt dein Schutzengel. Punkt.

Rainer: Sie haben es nicht anders gelernt. Bei meiner Mama ist das auch so, der Glaube ist ein Anker, und der hilft einem drüber weg. Sie geht in die Leichenhalle, und dann wird gemeinsam geweint. Das ersetzt zum Teil das Reden.

Für mich war der Tod meines Opas am härtesten. Das war vor zehn Jahren, er war fünfundachtzig, ist immer schwächer geworden, aber ich hab mir gedacht, er wird schon wieder. Als er dann im Sterben lag, hat mich meine Mama angerufen und gesagt, es kann sein, dass er nicht überlebt. Und ich hab mir gedacht, ich bin ja ein harter Typ und kann Dinge verdrängen, und plötzlich hab ich einen Weinkrampf gekriegt, wo alles aus mir rausgebrochen ist. Das kam völlig überraschend, das hatte ich bis dahin noch nie, zumindest nicht in Zusammenhang mit Tod und Verlust und schon gar nicht mit meiner Familie, weil ich mir immer gedacht habe, ich bin in Wien und meine Familie so weit weg. Das war neu für mich, dass die Beziehung zu meiner Familie trotz der Entfernung doch so eng war. Als er dann gestorben ist, das war heftig. Auch das Begräbnis, da habe ich meine Brüder gesehen, zu denen ich wegen der Distanz eher wenig Kontakt habe, aber in diesem Moment hat man gemerkt, dass es allen ähnlich geht und wir alle zusammenstehen und versuchen, das zu bewältigen. Bei meiner Oma war es dann weniger hart. Ich weiß nicht, wieso. Sie war zum Schluss schon sehr dement, und wir haben uns damit getröstet, dass sie es nicht ganz so schwer hat. Wir hatten vorher das Glück, dass in unserem eigenen Familienkreis lange niemand gestorben war. Als der Opa gestorben war, musste ich also völlig neu lernen, damit umzugehen. Wie da die Trauer aus einem herausbricht, auch wenn man versucht, es zu verdrängen… Das hat mich überrollt. Ich überspiele Dinge gern, und das war nicht mehr möglich.

Renate: War das schwer für dich? Dieser Kontrollverlust?

Rainer: Nichts dagegen tun zu können, das war schwer.

Renate: Ich hab das zu Matthias öfters gesagt, dass er zwar beruflich Menschen oft im Tod begleitet, es aber etwas ganz anderes ist, wenn jemand aus der eigenen Familie stirbt. Und so war es auch, als sein Opa gestorben ist.

Matthias: Als Angehöriger war das etwas völlig anderes. Man steht planlos vor dem Menschen… Ich weiß gar nicht mehr, was ich alles gemacht habe. Ich hab ihm noch in der Sterbephase den Mund ausgewischt, weil ich wenigstens irgendetwas tun wollte.

Ich sitze an einem Kopfende, Florian mir gegenüber am anderen. Links von mir sitzen Renate und Rainer, rechts von mir Matthias und Stefan. Bisher läuft das Gespräch gut. Alle sind sehr konzentriert und am Ball. Ein bisschen steif vielleicht. Wenn einer redet, hören die anderen zu. Matthias kommt ein bisschen zu spät, die Begrüßung verläuft leise, es gibt keine Pause, jeder bleibt beim Thema. Der Ton ist ernst, aber nicht traurig. Niemand weint. Ich trinke Wasser, Renate Wein, die Männer Bier. Gegessen hat noch niemand etwas, die Snacks stehen unberührt auf dem Tisch.

Mein Gott, was kümmert uns der Tod!

Renate: Saskia und ich haben getrunken. Jeden Freitag Cocktailstunde. Und geredet.

Florian: Bei uns wird beim Totenmahl so wahnsinnig viel gesoffen.

Stefan: Das ist der burgenländische Weg (Lachen). Darüber könnte man auch einmal ein Buch schreiben.

Matthias: Ich finde das Totenmahl total makaber. Dieses Zusammensitzen und dann noch trinken und essen.

Saskia: Früher gab es zwischen Tod und Beerdigung eine viel längere Aufbahrungszeit, und in dieser Zeit konnte man sich verabschieden. Heute liegt der Mensch oft schon unter der Erde, bevor realisiert wird, dass er überhaupt weg ist.

Rainer: Ich war einmal bei meinem Freund, als seine Oma gestorben ist, und da hatten wir dann das Totenmahl. Da kam die Familie von recht weit zusammen, und das hat dann schon einen Zweck erfüllt. Da reden die Leute über die positiven Geschichten, das ist so eine Nachschau und hilft den engsten Angehörigen schon weiter.

Stefan: Vielleicht auch als sozialer Austausch, wo Menschen fragen können, ob sie wo helfen können. Der Dialog hilft da weiter, auch bei praktischen Dingen, dass ein Netz gesponnen wird.

Renate: Vor drei Jahren ist Matthias' Opa gestorben, und sofort muss man funktionieren: Da muss man zum Bestatter, welcher Sarg, welche Blumen, was für eine Traueranzeige, betende Hände oder nicht… Ich hab das irre empfunden, dass man nicht einmal fünf Minuten Trauer hat, weil alles so schnell gehen muss. Man muss gleich wieder funktionieren. Vor allem wenn es um Opa oder Oma geht, da sagen die meisten Menschen, na ja, sie hatten ja eh ein schönes Leben. Aber das hilft einem in der Trauer nicht. Wenn man seine Großeltern vierzig Jahre lang gehabt hat, dann hat man sie vierzig Jahre lang gekannt und plötzlich sind sie weg, und das tut weh.

Florian: Da ist das Totenmahl oder der Leichenschmaus, so wie ich das kenne, eigentlich gut. Da sitzen alle ein paar Stunden zusammen und unterhalten sich, da erzählt man sich gute Geschichten, und das hat etwas Positives in all der Trauer.

Rainer: Ich hatte eine völlig andere Situation mit einem Arbeitskollegen. Der ist bei einem Marathon mitgelaufen, umgefallen und war tot. Weg. Am Freitag habe ich noch mit ihm geredet, und am Sonntag habe ich gehört, er ist tot. Er war einfach weg, ich habe ihn nie wiedergesehen. Das packe ich nach wie vor nicht. Alleine das Körperliche. Die Beerdigung war sehr schön, seine Asche ist auf der Donau verstreut worden. Aber mir fehlt die Vorstellung, wo ist der Mensch jetzt hin. Das kapiere ich nach wie vor nicht, dass er weg ist.

Florian: Diese Symbolik vom Sarg am Friedhof, der hinunterfährt, finde ich total stark.

Stefan: Ich bin nicht gläubig, komme aber aus einem katholischen Elternhaus, und wo die Kirche ihre Stärken hat, ist bei den Trauerritualen. Ich komme aus Oberösterreich, meine Familie ist vom Land, und meine Kindheit ist vorübergegangen in einer Aneinanderreihung von Begräbnissen. Gefühlt war ich alle zwei Wochen bei einer Beerdigung. Früher ist da der Leichnam einmal durch das ganze Dorf gefahren worden, begleitet von Kapellenmusik.

Dann das Beten während der Aufbahrungszeit, Rosen-
kranzbeten, was etwas sehr Meditatives hat. Von den
Ritualen her hilft das, alleine weil es etwas Fixes gibt, woran man sich orientieren kann. Jeder im Ort weiß dann,
wer gestorben ist. Bei mir war es in der Kindheit zunächst
eine ewige Aneinanderreihung von Begräbnissen der ent-
fernten Tanten und so weiter, wo ich emotional nicht eingebunden war, das war eher eine obskure Veranstaltung,
wo ich von Verwandten, die mich nicht so gut gekannt
haben, mit falschem Namen angesprochen wurde. Und
ganz klassisch war da immer ein beschwipster Pfarrer.
Dann aber ist meine Oma gestorben, das war der erste
tote Mensch, den ich gesehen habe. Da war die Aufbahrung, der Sarg offen, ich war so sechs Jahre alt, und da
war mir plötzlich klar, wie tot tot sein kann. Das war
nicht mehr schlafend, das war die klassische Totenmaske
mit verändertem Gesicht. Das war schon beängstigend.
Dann ist ein Nachbar von mir gestorben, ein anderer hat
sich erschossen, der dritte war schwul und hat nicht ertragen, wie man im Dorf mit ihm umgeht, und hat sich auf-
gehängt… Darüber hat man nicht geredet, erst viel später
habe ich die Gründe erfahren. Das erste Mal mit dem Tod
konfrontiert worden, ohne dieses Folkloristische, bin ich,
als ein Freund von mir verunfallt ist. Sie waren in einem
Freibad, in der Nacht, schon etwas betrunken, und mein
Freund ist vom Brett gesprungen und nie wieder aufge-
taucht. Ich habe bemerkt, wie sich das im Freundeskreis
ausgewirkt hat. Wir waren jung, sind mit unseren aufpo-

lierten Mopeds herumgefahren, haben uns nicht gespürt, sozusagen. Mein Gott, was kümmert uns der Tod! Und da ist einiges bei mir passiert, was mein Leben beeinflusst hat, da war plötzlich die Endlichkeit der Jugend bewusst, und das Gefühl der Unsterblichkeit, das man unbewusst hatte, hat sich verändert. Ich bin sehr vorsichtig geworden. Wenn einer betrunken heimfahren wollte, hab ich ihn lieber heimgebracht. Ja, und vor dreizehn Jahren ist dann meine Mutter gestorben, an Bauchspeicheldrüsenkrebs. Mein Bruder und ich waren damit ziemlich alleine, und da hat sich der Tod für mich als eine furchtbare Leidensgeschichte präsentiert, wobei es weniger um den Tod als um das Sterben ging. Es war furchtbar, mitzuerleben, wie jemand stirbt. Da wiederum haben mir gewisse katholische Rituale, die Organisation des Begräbnisses sehr geholfen: Dinge zu organisieren, Sachen aussuchen …

Renate: Hat es dir Sicherheit gegeben?

Stefan: Das ist der Punkt. Es sind Rituale und ein gewisser Zeitfaktor, der sich daraus ergibt. Man reflektiert nicht nur über sich selbst, sondern über den Verstorbenen. Ich bin kein glühender Kirchenverehrer, aber bei diesen Ereignissen haben mich die Begräbnisse und die Abläufe sehr berührt.

Pause.

Rainer: Ich finde gut, dass man gezwungen wird, manche Dinge zu tun. Sonst würde man vielleicht nicht aufstehen, sich nicht um einen Sarg kümmern, und das muss man.

Stefan: Es ist wichtig, dass bei einem Begräbnis alle zusammenkommen. Wer weiß, wem das Abschiednehmen wichtig ist. Du hast ja selbst oft keine Ahnung, welche Verbindung derjenige zum Verstorbenen hatte. Dem ist es vielleicht wichtig, da zu sein, weil er früher mal der beste Freund war. Das macht den Tod nicht einfacher, aber man fühlt sich sicherer. Und nicht unwichtig finde ich, dass da eine Grabstätte ist. Ich fahre jedes Jahr zu Allerheiligen zum Grab meiner Mutter, das ist für mich wichtig.

Renate: Ich finde wichtig, dass es einen Platz gibt, wo man hingehen kann. Wenn man nicht weiß, wo seine Eltern sind oder die Geschwister, das kann schwer sein.

Alle werden warm miteinander. Alle reden offen, und jedem, der redet, wird mit der gleichen Aufmerksamkeit und dem gleichen Respekt zugehört. Es bleibt ernst, aber es wird lockerer. Ab und zu macht jemand einen Scherz. Das Gespräch driftet einmal kurz in eine Blödelei ab, alle lachen. Es nimmt ein bisschen Druck heraus. Trotzdem kommen alle anschließend gleich wieder zurück zum Todesthema, ich muss nichts tun oder sagen. Alle haben sich eingependelt, jetzt wollen sie über den Tod reden.

Ich finde wichtig, dass Menschen am Sterbebett stehen – sofern das für alle Beteiligten möglich ist.

Stefan: Menschen wollen alles erklärt haben. Wenn es eine Diagnose gibt, will man einen Plan haben.

Matthias: Auskunft und Information sind vor allem für Angehörige wichtig. Wir haben Patienten, die verändern ihre Liegeposition über Wochen nicht, und deswegen ist es wichtig zu erklären, wie es weitergeht.

Und ich finde es außerdem sehr wichtig, dass Menschen am Sterbebett stehen – sofern das für alle Beteiligten möglich ist. Es ist nichts schlimmer, als wenn einer komplett alleine im Bett liegt und verstirbt. Und auch für Angehörige, die kommen und der Mensch ist schon tot.

Renate: Früher war das anders, da sind die Menschen zu Hause gestorben. Meine Uroma hat zu Hause gelegen, wir haben uns alle verabschiedet. Das hatte schon etwas Friedliches.

Florian: Ist es nicht so, dass es immer technischer wird? Und man sagen kann, morgen um 14 Uhr ist es so weit?

Matthias: ...aufgrund der fortgeschrittenen Technik ist das schon möglich. Die Medizin bzw. diverse Medikamente von heute ermöglichen es natürlich, den Kreislauf des sterbenden Patienten aufrechtzuerhalten. So haben Angehörige mit einem eventuell längeren Anfahrtsweg auch die Möglichkeit, sich von diesem Menschen zu verabschieden. Ich arbeite seit neun Jahren in dem Job, und trotzdem habe ich erst bei meinem Opa den Tod und die Sterbephase so richtig kennengelernt.

Auf einer Normalstation geht der Tod meist ganz anders vonstatten als bei mir auf der Intensivstation. Das Schnappen nach Luft in der Sterbephase zum Beispiel – das kommt bei mir nur sehr selten vor. Der Patient ist sediert, beatmet, und seine Vitalzeichen sind am Monitor ablesbar. Herzfrequenz, Blutdruck und Sauerstoffsättigung sinken – Nulllinie – der Patient ist verstorben. So kenne ich den Tod.

Renate: Hat's dich deswegen so getroffen?

Matthias: Ja, sicher. Aber ich habe mir eigentlich nur gedacht, dass ich zu wenig Zeit mit ihm verbracht hatte. Und es war arg, meinen Vater so zu sehen, völlig hilflos. Das hat mir leidgetan. Ich habe mich mit dem Tod vorher noch nie so auseinandergesetzt. Nur auf völlig medizinischer Ebene.

Renate: Ich habe mir am Anfang oft gedacht, du bist so emotionslos, weil du da nie Gefühle zeigst und auch noch Witze reißt.

Matthias: Das braucht man, um damit umgehen zu können. Aber es ist auch innerhalb des Krankenhauses so, dass die auf der Normalstation den Schmäh in der Intensiv als primitiv ansehen. Zu mir haben viele gesagt: Wieso gehst du auf die Intensiv, so wie die reden und sich benehmen?

Stefan: Das ist wie in jedem Job. Egal wie ethisch aufgeladen er nach außen hin ist.

Florian: Ich habe aus dem Grund aufgehört, auf Begräbnisse zu gehen, wenn ich nicht unbedingt muss. Weil ich es nicht aushalte. Selbst wenn das der Opa von einem Freund ist, der jedes Mal den Fußball, wenn er über den Zaun geflogen ist, mit der Mistgabel zerstochen hat (Lachen). Da fährt der Sarg runter, und alle plärren, und ich fang auch zu plärren an. Ich kann das nicht.

Stefan: Passt das nicht irgendwie in unsere Gesellschaft, wo man keine Schwäche mehr zeigen darf? So wie du vorher gesagt hast, Matthias, das es schwer für dich war deinen Vater so hilflos und trauernd zu sehen …

Matthias: Ja, weil er Gefühle gezeigt hat, und das war etwas Neues.

Stefan: Genau, und dass wir in einer Gesellschaft leben, wo dieses Schwächezeigen so etwas von unpopulär ist. Wobei es ja keine Schwäche ist, sondern ein Zeigen von

Emotionen, was völlig normal ist. Man wird keine Fotos von einem Vorstandsvorsitzenden eines Konzerns bei der Trauerfeier seiner Großmutter sehen, weil das nicht sein darf. Das ist Teil des emotionalen Mainstreams unserer Gesellschaft.

Rainer: Ich glaube, dass die Kirche früher viele Aufgaben übernommen hat, die jetzt Psychologen leisten. Das ganze Ritual ist ja auch eine psychologische Unterstützung, gleichzeitig finde ich es total erstaunlich, dass Menschen, die niemals zu einem Psychologen gehen würden, daran teilnehmen. Wenn diese Rituale wegfallen würden, musst du dich gleich um dich selber kümmern und dich alleine zurechtfinden, was viele nicht packen würden.

Renate: Die Menschen beschäftigen sich ungern mit Negativem.

Renate: Ja, aber auf der anderen Seite ist das Reden bei so vielen Dingen ein Schlüssel. Denn vieles Negative teilen sich Menschen ja, und wenn du redest, kommst du drauf, dem geht es genauso, und das kann es dann leichter machen.

Ich bin aber auch jemand: Wenn ich weinen muss, ist es eben so, und wenn ich jetzt weinen müsste, würde ich es tun, weil es nichts ist, wofür man sich schämen muss. Dennoch glaube ich, dass sich viele Menschen heutzutage dafür schämen würden. Das ist eigentlich das Traurige. Der Mensch besteht aus Emotionen, und es kann nicht immer die Sonne scheinen.

Florian: Ich muss sagen, ich verstehe dieses »früher« nicht. Glaubt ihr wirklich, dass die Menschen früher anders waren und darüber geredet haben?

Rainer: Ich glaube, in der Dorfgemeinschaft wurde schon darüber geredet. Da wurde man aufgefangen.

Vor dem Gespräch habe ich mir eine kleine Linie zurechtgelegt, Themenblöcke, die man anschneiden kann. Nichts davon brauche ich. Das Gespräch verläuft von ganz allein durch diese Themen: Religion, Landleben, Medizin, Gemeinschaft. Alles, was einem zum Thema Tod einfällt. Oft glaubt man, diesen oder jenen Zusammenhang stellt man nur selbst her. Es ist nicht so. Die Gedanken sind unterschiedlich, aber die Felder, die einen beschäftigen, beschäftigen alle anderen ebenfalls. Mittlerweile sind alle gelockert. Es wird ein bisschen lauter, ich habe das Gefühl, alle finden das Gespräch gut und wollen weiterreden. Ich trinke jetzt auch Wein, mittlerweile trinken die meisten ihr drittes Getränk. Alle haben angefangen, etwas zu essen.

Da gibt es dieses Universum… FUCK!

Saskia: Redet ihr über den Tod?

Rainer: Wenn dann mit meiner Frau, die schon vor längerer Zeit ihre Mama verloren hat. Aber so, dass wir uns am Wochenende hinsetzen und über den Tod reden, das kommt eigentlich nie vor. Ich weiß gar nicht, ob ich mit meinem Sohn schon einmal wirklich ausführlich über den Tod geredet habe.

Stefan: Als meine Mutter im Sterben gelegen ist, hab ich mit meinem Bruder geredet, aber eher über die praktischen Dinge. Was ist als Nächstes zu tun? Ich hab noch nie mit jemandem ein tiefer gehendes Trauergespräch geführt. Für mich war der Tod meiner Mutter ganz schwierig. Da war Trauer, aber auch: Gut, dass sie es hinter sich hat. Es war so schrecklich, und ich will das nicht noch einmal durchgehen. Ich hab keinen größeren Hau davongetragen, und jetzt ist es ja dreizehn Jahre her. Aber die paar Minuten jedes Jahr zu Allerheiligen, die ich an ihrem Grab bin, die sind mir wichtig. Das ist Kontaktaufnahme. Ich sag, was alles passiert ist, was ich und mein Bruder vorhaben. Ich roll nicht den inneren Gebetsteppich aus, aber ich rede mit ihr.

Renate: Schönes Ritual.

Stefan: Das ist für mich spirituell. Ich nehme sie quasi in die Pflicht und will eine Leistung (Lachen). Das ist ein Schutzengelmoment. Auf diesen Ort und diese Stelle beschränkt.

Saskia: Als mein erstes Buch fertig war, haben meine Mama und ich eine Flasche Uhudler genommen und sind zum Grab gefahren und haben angestoßen und es meinem Vater und meinem Bruder erzählt.

Renate: Ich glaube ja: Man wird geboren, man lebt, man stirbt. Ich glaube nicht, dass es etwas anderes gibt, das kann ich mir nicht vorstellen. Sollte es etwas geben, werde ich positiv überrascht sein. Ein paar Schulfreunde von uns sind schon gestorben, und irgendwann war mir klar: Der war da, jetzt ist er weg, und alles geht wieder seinen gewohnten Lauf.

Matthias: Man realisiert aber nicht, dass der Mensch jetzt weg ist. Beim Unglück in Kaprun sind Schulfreunde von mir gestorben. Ich konnte nicht verstehen, dass der Pauli dann nicht mehr da war und auf dem Schulhof neben mir stand. Das waren vier Menschenleben, die auf einmal weg waren. Am Freitag waren wir noch turnen, und am Montag waren die Menschen nicht mehr da. Das zu realisieren hat lange gedauert.

Rainer: Keine Ahnung, was danach kommt. Als Kind habe ich einmal angefangen, darüber nachzudenken, was der Tod bedeutet und was danach sein kann, und seit ich Kind bin, wenn ich alleine bin und Zeit habe und über den Tod nachdenke, dann habe ich kurz, ungefähr vierzehn Sekunden lang Panik und denke mir: F.U.C.K.

Fuck. Fuck. Fuck. Da gibt es dieses völlig unvorstellbare unendliche Universum… FUCK. Und mein Körper, ich bin schon so scheißalt… FUCK. Das dauert ein paar Sekunden, und dann ist es weg. Dann denke ich einfach nicht mehr dran. Mit zunehmendem Alter kommt da vielleicht mehr Gelassenheit, zumindest wenn man nicht krank ist oder glaubt, es nicht zu sein.

Saskia: Überlegst du nie, was du tun könntest, damit diese Panik abnimmt? Also wann Sterben für dich in Ordnung wäre?

Rainer: Seit ich Vater bin, hat sich das Thema anders entwickelt. Es ist mir sehr viel wichtiger, dass ich für meinen Sohn da bin. Würde er vor mir sterben, das würde ich nicht aushalten, das ist das Ärgste, was ich mir vorstellen kann. Und weil es so viel ärger ist, als diese vierzehn Sekunden, konzentriere ich mich mehr auf das andere. Vielleicht härtet man ab. Ich erwarte nach dem Tod eigentlich nichts. Wobei nichts ist nicht einmal eine korrekte Beschreibung, weil ich es einfach nicht fassen kann. Das ist zu groß. Das Hirn explodiert kurzfristig, und dann macht man wieder zu. Ich habe das Gefühl, mein Denken über den Tod hat sich, seit ich ein Kind war, nicht grundsätzlich verändert.

Matthias: Als ich ein Kind war, hab ich einmal eine Folge Simpsons gesehen, in der es um Tod, Sterben … ging.

232

Das war das erste Mal, dass ich realisiert habe, dass ich sterben werde. Dass ich sterben muss. Ich bin hinausgelaufen in unser Baumhaus und dort habe ich dann geweint wie ein Schlosshund. Weil ich erstmals verstanden hab, dass ich einmal weg sein werde. Da war ein kurzer Anflug, wo ich wusste, dass ich einmal nicht mehr da sein werde. Heute werde ich kurz panisch, aber das vergeht dann wieder. Und ich konzentriere mich auf das Jetzt.

Das Gespräch geht weg vom Tod der anderen zum eigenen Tod. Es gibt immer wieder ein paar Momente, wo alle schweigen. Es ist kein unangenehmes Schweigen, und meistens durchbricht es bald jemand. Niemand ist bisher aufgestanden. Niemand wollte eine Raucherpause. Oder überhaupt eine Pause. Noch immer hören alle zu, wenn einer redet. Es bilden sich keine Gespräche abseits.

Es ist schwer für die, die dableiben.

Florian: Ich habe überhaupt keine Angst. Wenn es mich mal niedergerafft hat, dann ist es mir ja eh egal.

Matthias: Außer dich findet wer, du kommst ins Krankenhaus, jemand schneidet dich auf.

Florian: Ja, das will ich nicht, ich kann's aber auch nicht bestimmen. Also macht es mir keine Angst. Dass ich nicht

233

mehr da bin, das stört mich nicht. Ich will keine 24 Stunden in der Wüste liegen, und die Geier kreisen über mir, aber ich kann es nicht bestimmen. Es ist schwer für die, die dableiben und denen ich fehlen werde, aber ich selbst kann es nicht beeinflussen.

Renate: Ich versuche es im Großen zu sehen: Der Dinosaurier war da, dann war er weg. Die Stangl war da, dann ist sie weg. Vielleicht nehme ich das aber auch als Erklärung für die extreme Art und Weise, wie ich mein Leben oft lebe. Ich will es eben genießen.

Rainer: Ich glaube, für die Leute, die dableiben, ist es schwerer, wenn wichtige Themen nicht aufgearbeitet sind. Wenn etwas offenbeibt, kann das das ganze Leben ein Thema bleiben und es schwermachen. Für mich ist das ein Hinweis fürs Leben, dass man probieren sollte, die schwierigen Themen zu erledigen, zumindest im inneren Familien- und Freundeskreis.

Florian: Ich finde, es ist ein schöner Gedanke, dass meine Oma im Himmel ist und hinunterschaut. Ich glaube nicht daran, aber die Möglichkeit ist etwas Gutes.

Saskia: Das ist das Letzte. Zu sterben und dann im Himmel zu sein, runterzuschauen und nichts machen zu dürfen. Furchtbar.

Florian: Ich glaube es ja nicht. Aber allein, dass es die Möglichkeit gibt und es doch so sein könnte, gibt mir Trost.

Stefan: Der Mensch ist ja so eitel. Er glaubt, er sitzt da oben auf einer Wolke… Dabei kann es genauso gut sein, dass er reinkarniert wird als gewöhnliche Schabe. Ich habe ja keine Angst vor dem Tod, ich hätte gerne, dass es kurz, schnell, schmerzlos passiert. Aber mehr als mit dem Tod und dem Sterben beschäftige ich mich damit, dass ich immer älter werde und wie ich gut altern kann. Was ich noch alles machen will und machen sollte und ich kann nur sagen: Hurry up, es gibt viel zu tun!

Zwei Stunden sind vergangen, und ich beende das Gespräch. Als ich sage, danke, das war's, sehen mich vier Menschen erstaunt an. Ich glaube, sie könnten noch viel länger darüber reden. Ich habe das Gefühl, es war für jeden interessant und niemand fühlte sich vorgeführt, im Gegenteil. Jeder hat noch so viele Gedanken zu dem Thema. Anschließend sitzen alle noch eine Zeitlang da und denken nach. Plötzlich erzählen sie ein paar Witze. Es ist lustig, alle lachen, und es wirkt wie ein unbewusstes und völliges Gegensteuern zum bisherigen Thema. Jetzt kurz lachen über etwas total Belangloses.

Eine Woche danach bitte ich alle, mir einen kurzen Text darüber zu schicken, wie es für sie war, so offen über Tod und Trauer zu reden.

Das bekomme ich zurück:

Stefan: Gespräche über das Sterben, über den Tod: Die sind mir in größerer Runde zuletzt während meiner Studentenzeit, genauer während diverser ausgiebiger Studentenfeiern, passiert. Eine unheilvolle Mischung aus zu viel Alkohol und zu geringer Aufbruchsmentalität führte in den frühen Morgenstunden unweigerlich zu irrlichternden Diskussionen über das Leben – und eben den Tod. Meist verquickt mit altersbedingten Zukunftsängsten. Nicht ganz fertig formulierte Gedanken vermengten sich mit Instant-Psychologie. Irgendwann weinte immer jemand – das war dann die Zeit, aufzubrechen. Jahre später dieses Thema gewissermaßen neu aufzunehmen, wieder einmal mit Menschen zusammenzutreffen, die man teils sehr gut, teils bloß flüchtig kennt, um über den Tod zu reden, war eine besondere Erfahrung. Einfach, weil man, mittlerweile einige Jahre älter und etwas erfahrener, dazu gezwungen war, seine Gedanken neu zu sortieren. Sich mit der eigenen Endlichkeit auseinanderzusetzen. Und die eigenen Erfahrungen mit dem Tod zu überprüfen und sie vor Menschen zu reflektieren, die einem weitgehend unbekannt sind. Alle waren nüchtern. Niemand weinte. Dennoch mussten wir irgendwann aufbrechen. Wir hätten noch viel länger bleiben wollen.

Rainer: Es war ein außergewöhnlicher Abend, der mir lange in Erinnerung bleiben wird. Es war sehr spannend, über

Gemeinsamkeiten und Unterschiede zur Einstellung zum Thema Tod mit einer Runde von klugen und netten Menschen zu sprechen. Gleichzeitig war es auch zum Teil wirklich lustig und auf jeden Fall hilf- und lehrreich. Mein Learning: Auch wenn es etwas Überwindung kostet, sehr Privates über das Thema zu teilen, die Beschäftigung damit macht mehr Sinn als das komplette Ignorieren.

Renate: Ich fand den Abend entspannt, offen, amüsant und lehrreich. Ich mag es sehr, wenn Menschen authentisch und ehrlich sind – das war in unserer Runde, trotz des etwas ungemütlichen Themas, bei jedem der Fall. Das konnte man spüren. Persönlich konnte ich tatsächlich einiges aus dem Gespräch mitnehmen. Zum Beispiel hatte ich nie daran gedacht, dass eine »Begräbnis-To-do«-Liste helfen kann, im ersten Schock zu funktionieren. Das sehe ich jetzt also etwas differenzierter als zuvor. Im Grunde hat das Gespräch für mich bestätigt, wovon ich ohnehin überzeugt bin: Jeder trauert auf seine eigene Weise, und jeder muss sich irgendwann mit dem Tod auseinandersetzen. Reden kann dabei helfen. Auf viele Arten.
Und ja: Für mich war es ein wirklich schöner Abend!

Matthias: In einer sehr netten und geselligen Runde über dieses sensible Thema zu sprechen war trotz meines Berufs eine besondere Erfahrung. Es war interessant, Meinungen und Geschichten von Personen zu hören, die nicht im Gesundheitswesen arbeiten. Einige Aussagen der Anwesenden haben mich dazu gebracht, meine persönlichen Ansichten zu dem Thema zu überdenken und es etwas positiver zu sehen!

Trotzdem widme ich mich nach diesem schönen Abend aber wieder dem Hier und Jetzt, denn beeinflussen kann ich den »Tod« ohnehin nicht!

Florian: In den vergangenen Jahren habe ich mich doch einige Zeit mit Tod und Sterben beschäftigt. Das ist in erster Linie passiert, weil ich mit Saskia zusammen bin, die in den vergangenen Jahren privat und professionell viel darüber nachgedacht hat. Da ist es nur natürlich, dass man sich austauscht und darüber spricht, was einen beschäftigt. Aus eigenem Antrieb heraus hätte ich wohl nicht so viel Zeit investiert. Und ich kann guten Gewissens sagen: Hätte ich das nicht getan, ich hätte etwas versäumt. Ich habe viel gelernt, vor allem über mich selbst. Die wichtigste Erkenntnis ist, dass es notwendig ist, sich zu öffnen; gerade bei diesem gravitätischen Themenkomplex. Es bringt nichts, aus irgendwelchen Gründen zu glauben, dass man alles mit sich selbst ausmachen muss. Und trotzdem, obwohl ich weiß, welche Kraft und Wirkung das Thema hat, kommt mein Resümee des Abends dann doch unerwartet: Es hat Spaß gemacht und Lust darauf, das zu wiederholen. Es war ein Abend unter Freunden, aber ohne Belanglosigkeiten. Wir haben gescherzt und einander ganz offen Dinge erzählt, die an einem normalen Abend nicht zur Sprache kommen würden. Da spricht man dann über Fußball, Kinder, Politik, kommende und vergangene Urlaube oder einen neuen Esszimmertisch. Vielleicht wird noch ein bisschen über Bekannte getratscht und die Arbeit. Dann geht man nach Hause und hat einen angenehmen Abend verbracht. Gemütlich und lustig, ja, aber eben auch belanglos. Ich nehme mit, dass ich auch in anderen Runden versuchen werde, solche Themen anzusprechen. Vielleicht klappt es nicht immer, aber den Versuch, die ein oder andere Freundschaft auf ein neues Level der Vertrautheit zu heben, ist es wert. Es gibt ja schließlich nichts zu verlieren.

Das Ende

Das Bewusstsein unserer Sterblichkeit ist ein köstliches
Geschenk, nicht die Sterblichkeit allein, die wir mit den
Molchen teilen, sondern unser Bewusstsein davon. Das
macht unser Dasein erst menschlich.

Max Frisch

Ich gehe jeden Tag spazieren, manchmal walken, nur das
mit dem Fitness-Center habe ich wieder bleibenlassen.
Hauptsache, Bewegung. Es ist ein Dienstag, als ich am frühen Nachmittag zurückkomme. Irgendetwas ist anders.
Normalerweise gehe ich vom Aufzug in die Wohnung,
ziehe die Schuhe und Jacke aus, wasche mir die Hände
und dann ab zum Computer: E-Mails beantworten, Formulare ausfüllen, weiterschreiben. Diesmal bleibe ich im
Wohnzimmer stehen. Es ist ganz ruhig, die Katzen schlendern entspannt durch den Raum, dehnen und strecken
sich. Ich setze mich auf die Couch. Sehe mir jeden Gegen-
stand an, bis ich aus dem Fenster blicke und meine Gedanken verliere. Ich bleibe lange einfach so sitzen.

Dann stehe ich auf und hole mir eine der alten bunten
Jugendstil-Kristallgläser, die meinem Vater gehört haben
und die uns meine Mama zur Hochzeit geschenkt hat und

aus denen ich selten trinke. Ich nehme eine Flasche Champagner, die seit Monaten im Kühlschrank liegt, und mache sie auf. Ich habe keinen Anlass. Nur den Moment. Ich sitze auf der Couch, ohne Handy, ohne Fernsehen, ohne Buch oder Zeitschrift. Ich trinke und sitze und schmecke und spüre in mich hinein.

Ich lebe, wer weiß, wie lange noch?

Seit zwei Jahren beschäftige ich mich mit dem Tod, was hat sich verändert?

Solche Momente. Ich habe es nicht mehr so eilig, was paradox ist, denn gleichzeitig ist mir viel bewusster, wie wenig Lebenszeit ich habe.

Und sonst?

Ich lache öfter.

Ich ärgere mich weniger.

Ich sorge mich weniger um morgen. Der Tod kommt von alleine, ich muss mich nicht darum bemühen. Ich sorge mich generell weniger, oder wenn ich merke, dass ich damit beginne, kann ich es leichter gut sein lassen.

Ich habe weniger Freunde, und um die kümmere ich mich besser.

Ich weine öfter. Mehr Bewusstsein für sich und seine Gefühle zu schaffen ist nicht immer einfach.

Ich achte auf meine Beziehung, ich nehme meine Liebe ernster.

Ich übernehme mehr Verantwortung für das, was ich tue.

Ich werfe all diese so gut klingenden Dinge über Bord, wenn ich keine Zeit habe oder keine Lust und sehe mir das locker nach, ich bin nämlich auch nachsichtiger mit mir selbst.

Was ist wichtig im Leben?

Liebe macht alles gut. Mein Bewusstsein lässt mich mein Leben wahrnehmen, und Dankbarkeit lässt es mich schätzen.

Zwei Stunden später kommt Florian aus dem Büro nach Hause, ich sitze immer noch da. Er holt sich ein Glas, noch eine Flasche und setzt sich zu mir. Es ist schön, einfach nur einmal da zu sein. Ich erzähle ihm von meinem Buch und wie es mir damit geht, und irgendwann fragt er: »Und was würdest du mir nun raten?«

Erstens: Hab weniger Angst. Das ist das Erste und Wichtigste. Vertraue auf dich, entscheide für dich. Und gehe im Zweifel immer für den Versuch und das Risiko und gegen die Sicherheit. Dein Leben, dein Spielplatz. Was man aufschiebt, macht man oft nicht mehr, doch im Alter bereut man vor allem Unversuchtes. Mut schafft Abenteuer. Mut schafft Erinnerungen. Sammle so viele wie möglich.

Kümmere dich um deine Freunde, kümmere dich um deine Beziehung. Das ist das Zweite. Einsamkeit kann töten. Dinge teilen zu können macht das Leben ungleich schöner. Kläre Konflikte, wenn sie dich belasten. Suche das Gespräch, wenn dir der Mensch wichtig ist. Irgendwann kann es zu spät sein, gehe das Risiko nicht ein. Verzichte auf Menschen, die dich nur zweifeln lassen. Suche dir Menschen, bei denen du dich wohl fühlst. Freundschaften, Beziehungen sind nicht einfach, aber sie sind die Mühe wert.

Das Dritte ist leicht: Sei nett zu dir. Lache öfter. Tu dir etwas Gutes. Lass manchmal los und hau einen Tag auf den Kopf. Horche ab und zu in dich hinein und überlege, wie du dich fühlst. Sei dir deiner Gefühle bewusst, schaffe überhaupt Bewusstsein dafür, wie es dir geht und was du machen willst. Sei aufmerksam und sieh dich um. Bleibe neugierig. Führe ein Tagebuch, das dich daran erinnert, was du alles erlebt und geschafft hast. Tue einmal im Jahr etwas, worauf du wirklich und nachhaltig stolz bist.

Ich sehe Florian an. Er ist ein Mann, also sage ich, es ist nie ein Fehler, regelmäßig zum Arzt zu gehen, Vorsorgeuntersuchungen zu machen und wenn man Schmerzen hat, sie nicht zu ertragen, sondern sie abklären zu lassen. Erstelle mit deinem Arzt eine Patientenverfügung.

Ich sage ihm, er soll das Lesen vor dem Schlafen jeden Abend beibehalten, denn Leser leben länger.

Und sonst: Lebe, lebe, lebe! Da sind so viele Jahre, und so viele Jahre sind zu füllen. Sorge dich nicht, wenn du eines in den Sand setzt. Bemitleide dich, tröste dich, stehe auf und mach das nächste Jahr zu einem besseren. In einem Leben ist Platz für schlechte Momente. Und noch mehr für schöne. Es ist egal, ob du vierzig bist oder fünfzig oder älter, wenn du dein Leben ändern willst, mach das und glaube ja nicht, dass Veränderung nur zählt, wenn sie riesig ist.

Veränderung beginnt im Kleinen, man muss nicht gleich sein gesamtes Leben umwälzen, oft reichen Korrekturen. Kleinigkeiten bestimmen viel.

Ich denke, das ist alles, was ich gelernt habe.

Ach so. Da ist noch meine Angst vor dem Tod. Ist sie weg? Nein, das ist sie nicht. Ich will nicht sterben. Noch nie wollte ich so unbedingt mein Leben leben, wie nach diesen beiden Jahren. So viele Wunder, die ich noch erleben will, und so viele Dinge, die ich noch sehen will.

Die Angst ist geblieben. Meine Panik ist weg.

Ich schlafe jetzt besser.

Ich habe mich mit dem Tod versöhnt. Ich werde einmal sterben, schon klar, aber bis dahin lebe ich.

Sich zu viel mit dem Tod zu beschäftigen kann kontraproduktiv sein, er scheint plötzlich in allem sichtbar und ständig um einen herum. Sich gar nicht damit zu beschäftigen und damit einer Sache auszuweichen, die ihren Platz in unserem Leben hat, kann uns Bewusstsein nehmen, das schlussendlich ein besseres Leben ermöglicht.

Man sollte sich des Todes gewahr sein, er treibt an, er lässt Dinge einzigartig sein, er hält uns wachsam, wenn es darum geht, uns umeinander zu kümmern. Mutig zu leben heißt nicht, vor dem Tod keine Angst mehr zu haben. Es heißt, sich das Leben bewusster zu machen.

Das schafft der Tod ganz schön.

Und ist dann gleichzeitig auch egal.
   Denn was mich angeht, werde ich den Tod jetzt einfach
mal gut sein lassen.

Ein Danke

Falls sie mich nicht begraben, dann
Sollt' ich mich wirklich fragen, wann
will ich mal danke sagen, denn
irgendwann ist's aus und vorbei.

Die Fantastischen Vier

Mich zwei Jahre lang so intensiv mit dem Tod auseinanderzusetzen war nicht immer einfach. Ich war manchmal nicht ansprechbar, dann wieder ausufernd gesprächig, ich bin an manchen Tagen verzweifelt, an anderen war ich euphorisch, und in all dieser Zeit war mein Mann an meiner Seite, mein Kamerad in diesem Leben, mein Gesprächspartner in allem, und so gilt der tiefste Dank meinem Ehemann Florian Jungnikl-Gossy.

Ich lebe, weil ich geboren wurde. Folgerichtig danke ich meiner Mama Susanne Jungnikl dafür, dass sie mir dieses Leben geschenkt und mich mit Liebe und Vertrauen aufgezogen hat. Ich bedanke mich bei meinem Bruder Arvid Jungnikl, weil mich dieser tolle Mensch seit seiner Geburt begleitet, bei meinem Bruder Christoph Andexlinger und seiner Familie Konny, Jan und Tom.

Seit 35 Jahren Teil meiner Familie ist meine lebenslängliche Freundin Renate Stangl, die es in den vergangenen Jahren nicht immer leicht hatte, sich aber ihre Menschlichkeit, ihr freundliches Wesen jedem gegenüber erhält. Ein Danke nach den über dreißig gemeinsam verbrachten Jahren erscheint mir fast zu wenig, aber zum Glück nur fast, denn wie in jeder Freundschaft ist das Danke eine ausgeglichene Sache. Ich bedanke mich bei meiner Herzensfreundin Anna Giulia Fink für unsere Essen, wo Platz ist für Lustiges und Ernstes und die mir ungemein wichtig sind. Danke an Birgit Wittstock für unsere Kaffee-Zeit und an Ela Angerer, meine literarische Mitverschwörerin. Danke an Mechthild Schroeter-Rupieper, deren Worte und Bücher mir in Zeiten geholfen haben, in denen ich mich in meiner Trauer verloren gefühlt habe.

Stefan Schlögl hat mich bereits bei meinem letzten Buch intensiv begleitet, ich bin froh und dankbar, dass er mir auch bei diesem mit seiner ruhigen, überlegten und klugen Art geholfen hat.

Voraussetzung für das Gelingen des Buches war, dass Menschen mit mir über den Tod geredet haben, dass sie sich bei diesem schwierigen und intimen Thema geöffnet und mir ihre Zeit gegeben haben und mich teilhaben ließen an ihrer Arbeit, ihren Gedanken und ihrem Leben. Ich bedanke mich bei Klaus Püschel, Martin Denzel, Marc Wittmann, Michael Bünker, Martin Steiner, Christian Rauch, Oliver Wirthmann, Ingrid Marth, Herbert und Karin Bednarik, Hannes Spengler und Josef Birnbaum.

Nicht immer ist es so einfach zuzuordnen, wer mir wobei geholfen hat, denn oft waren es auch Gedankenfetzen, Unterhaltungen, die mir in Erinnerung geblieben sind, Geschichten aus dem Leben, die dazu geführt haben, dass ich über manches neu nachgedacht habe, und natürlich unzählige Gespräche mit meinen Freunden, mit Flos Freunden, die mir weitergeholfen haben. Ich kann unmöglich all diese vielen inspirierenden Menschen und Freunde aufzählen, aber ich versuche es und bedanke mich stellvertretend bei: Rosi Grieder-Bednarik, Gugi Gibiser-Poller, Christoph Poller, Markus Radits, Kaspar Fink, Matthias Kertelics, Slaviša Žeželj, Marko Jacob, Marlene Weber, Gunther Müller, Rosa Winkler-Hermaden, Bernhard Müllegger, Julia Hofer, Benedikt Narodoslawsky, Andreas Hagenauer, Oona Kroisleitner, Bernd Brenner, Maria Brenner, Rainer Brunnauer, Katharina Lehner, Lisa Stadler, Nane Murer, Judith Denkmayr, Elisabeth Schießl, Kim Son Hoang, Petra Köstinger, Tom Schaffer, Rainer Schüller, Kurt und Marianne Resetarits, Nicole Scheiber, Sarah Weber, Anita Zielina, Klaus Weinmaier.

In den Jahren in Hamburg habe ich mich einige Zeit recht verloren gefühlt, und dann habe ich Menschen getroffen, die mich hoffentlich mein Leben lang begleiten werden. Ich bedanke mich bei Isabell Bittner, Gerold Doplbauer, Vivien Lowin und Susana Sawoff dafür, dass sie Freunde geworden sind.

Je länger ich mit meiner Lektorin Martina Seith-Karow zusammenarbeite, desto mehr lerne ich ihre ruhige Art, ihre Erfahrung und ihren Humor zu schätzen. Ich danke ihr dafür, dass sie mir geholfen hat, aus einem Wust an Gedanken und Recherche, Ideen und Hirngespinsten ein lesbares Buch zu formen.

In den vergangenen Jahren hat sich meine Familie vergrößert, und zwar um die beste Schwiegerfamilie, die ich mir nur hätte vorstellen können. Danke an Sigrid und Josef Gossy und Anna Gossy dafür, dass sie für Florian und mich einen Ort bilden, an dem wir immer zu Hause sind.

Danke an meine Tante Brigitte Komornik, dafür, dass sie mich liebt und unterstützt, unabhängig davon, ob sie mit allem einverstanden ist, was ich mache.

Danke an meinen einzigen Brieffreund Andreas Deutsch.

Zu meinem ersten Buch habe ich so viele ehrliche, rührende und schöne Nachrichten bekommen, ich möchte mich bei jedem Menschen dafür bedanken, wenn er zugelassen hat, dass dieses Buch etwas in ihm bewirkt.

Das ist ein Buch über den Tod, und wenn geliebte Menschen sterben, verschwinden sie nicht einfach. Sie hinterlassen ein buntes, intensives und inspirierendes Leben, sie bleiben in uns und unseren Gedanken, sie sind unsere Geschichte, und so bedanke ich mich bei meinem Bruder Till Jungnikl für sein Lachen, das mich heute noch glücklich macht. Ich danke meinem Vater Erhard Jungnikl, der mir beigebracht hat zu schreiben und mir damit einen Schutz geschenkt hat, der mich durch das Leben bringt. Ich danke meiner Oma Grete Bednarik, dass sie so ein starkes Frauenvorbild für mich war, und meinem Opa Karl Bednarik dafür, dass er mir ein erster Freund war.

Ach ja: Danke an Dante und Lewi, die mich verlässlich abgelenkt haben, wenn ich nicht weiterschreiben wollte. Und sonst auch.

Saskia Jungnikl
Papa hat sich erschossen
Ca. 256 Seiten. Klappenbroschur
Band 03072

»Am 6. Juli 2008 kritzelt mein Vater etwas auf einen mintgrünen Post-it-Zettel. Er steigt die Wendeltreppe hinunter in die Bibliothek und holt seinen Revolver. Dann geht er durch den schmalen Gang hinaus in den Hof. Dort legt er sich unter unseren alten großen Nussbaum. Vielleicht hat er sich noch kurz die Sterne angesehen und der Stille gelauscht. Dann schießt er sich in den Hinterkopf.«
Hautnah und unsentimental erzählt Saskia Jungnikl über den Freitod ihres Vaters. Sie schreibt über die Ohnmacht, die ein solch gewaltvoller Tod hinterlässt, über ihren Umgang mit der Trauer und wie ihre Familie es schafft, damit umzugehen und weiterzuleben.

Das gesamte Programm gibt es unter
www.fischerverlage.de

Voller magischer Momente für Leser

Buchbewertungen und Buchtipps von leidenschaftlichen Lesern, täglich neue Aktionen und inspirierende Gespräche mit Autoren und anderen Buchfreunden machen Lovelybooks.de zum größten Treffpunkt für Leser im Internet.

LOVELYBOOKS.de
weil wir gute Bücher lieben